AVALIAÇÃO PSICOLÓGICA NA ÁREA DA PERSONALIDADE

TESTES GRÁFICOS-PROJETIVOS, TESTES PROJETIVOS E TESTES PROJETIVOS MAIS ELABORADOS

SANDRA BENEVENTO BERTELLI

AVALIAÇÃO PSICOLÓGICA NA ÁREA DA PERSONALIDADE

TESTES GRÁFICOS-PROJETIVOS, TESTES PROJETIVOS E
TESTES PROJETIVOS MAIS ELABORADOS

Freitas Bastos Editora

Copyright © 2025 by Sandra Benevento Bertelli

Todos os direitos reservados e protegidos pela Lei 9.610, de 19.2.1998.
É proibida a reprodução total ou parcial, por quaisquer meios, bem como a produção de apostilas, sem autorização prévia, por escrito, da Editora.
Direitos exclusivos da edição e distribuição em língua portuguesa:
Maria Augusta Delgado Livraria, Distribuidora e Editora

Direção Editorial: Isaac D. Abulafia
Gerência Editorial: Marisol Soto
Assistente Editorial: Larissa Guimarães
Copidesque: Lara Alves dos Santos Ferreira de Souza
Revisão: Doralice Daiana da Silva
Diagramação e Capa: Madalena Araújo

**Dados Internacionais de Catalogação na Publicação (CIP)
de acordo com ISBD**

B537a	Bertelli, Sandra Benevento
	Avaliação Psicológica na área da personalidade: testes gráficos-projetivos, testes projetivos e testes projetivos mais elaborados / Sandra Benevento Bertelli. - Rio de Janeiro, RJ : Freitas Bastos, 2025.
	252 p. : 15,5cm x 23cm.
	ISBN: 978-65-5675-532-8
	1. Psicologia. 2. Avaliação Psicológica. I. Título.
2025-1525	CDD 150
	CDU 159.9

Elaborado por Vagner Rodolfo da Silva - CRB-8/9410

Índice para catálogo sistemático:
1. Psicologia 150
2. Psicologia 159.9

atendimento@freitasbastos.com
www.freitasbastos.com

SANDRA BENEVENTO BERTELLI

Psicóloga, Musicoterapeuta, Doutora em Psicologia Escolar e Desenvolvimento Humano pela USP e docente em Avaliação Psicológica na graduação de Psicologia, há mais de 20 anos. Atualmente, é professora concursada do curso de Psicologia na Universidade Municipal de São Caetano (USCS), desde 2020, bem como Head de Psicologia da *startup* GUBI de Jogos em Educação. Foi, também, Professora Dra. da graduação em Psicologia e Medicina na Universidade de Santo Amaro (UNISA) – SP, por 15 anos, e Professora Dra. do Curso de Pós-Graduação em Comunicação e Retórica da Universidade Belas Artes – SP.

SUMÁRIO

INTRODUÇÃO **17**

CAPÍTULO 1
DESENHO LIVRE – DERIVADO DA FIGURA
HUMANA DE FLORENCE GOODENOUGH 27

CAPÍTULO 2
HTP – HOUSE-TREE-PERSON, DE JOHN N. BUCK........ 37

CAPÍTULO 3
O PROCEDIMENTO DESENHO-ESTÓRIA (D-E),
DE WALTER TRINCA.. 83

CAPÍTULO 4
O PROCEDIMENTO DESENHO-FAMÍLIA COM
ESTÓRIA (DF-E), DE WALTER TRINCA.......................... 89

CAPÍTULO 5
O CAT-A – CHILDREN'S APPERCEPTION TEST,
DE LEOPOLD BELLAK E SONYA S. BELLAK................... 99

CAPÍTULO 6
TAT – TESTE DE APERCEPÇÃO TEMÁTICA,
DE HENRY A. MURRAY....................................... 111

CAPÍTULO 7
PROVA DE RORSCHACH – SISTEMA SILVEIRA –
BREVE APANHADO 123

CAPÍTULO 8
TESTE PFISTER – O TESTE DAS PIRÂMIDES
DE CORES – BREVE APANHADO...................................... 137

ANEXOS...151

PREFÁCIO

A Avaliação Psicológica é um campo teórico e prático que passou por mudanças nos últimos anos, e que sempre exigiu conhecimentos e competências técnicas específicas. Durante muito tempo, a avaliação psicológica foi confundida com aplicação de testes, mas a aplicação deles é facultativa no processo de avaliação psicológica. Existem preconceitos, por parte das pessoas, sobre a avaliação psicológica, mas o que existe é o mau profissional, que não se pauta em rotular pessoas investigadas e em suas condutas éticas.

A prática da avaliação psicológica é um processo que envolve várias técnicas, métodos e instrumentos para a coleta de informações que contribuem para a compreensão da demanda investigada e que precisa ser embasada de forma técnica, científica e ética. Para isso, é necessário que o profissional, que for trabalhar com essa área, busque compreender o sujeito e os grupos, considerando sua inserção social e histórica.

Dessa forma, a Resolução nº 9/2018 da avaliação psicológica, que também traz a regulamentação dos testes, construída com o apoio do Ibap (Instituto Brasileiro de Avaliação Psicológica) e da Asbro (Associação Brasileira de Rorschach e Métodos Projetivos), entidades científicas que vêm cumprido ao longo dos anos o desenvolvimento da avaliação psicológica; e juntamente ao CFP (Conselho Federal de Psicologia), por meio do Satepsi (Sistema de Avaliação de Testes Psicológicos, criado em 2003) e sua comissão consultiva, trouxe por meio de um formulário de avaliação da qualidade dos testes, critérios mínimos mais rigorosos.

Outra mudança foi a maior visibilidade das questões relacionadas à justiça e à proteção dos direitos humanos, e a certas práticas que violam o ser humano avaliado, por exemplo: preconceito, opressão, convicções políticas, filosóficas, morais e ideológicas.

O propósito deste livro encontra-se na prática de avaliação de personalidade com crianças, adolescentes e adultos, que possa ser utilizada por meio de testes gráficos-projetivos, como: Desenho Livre, que teve seu início com Florence Goodenough; Teste Casa-Árvore-Pessoa, de John Buck; Procedimento Desenho-Estórias (D-E), de Walter Trinca; Procedimento Desenho-Família com Estória (DF-E), de Walter Trinca; e por testes projetivos – Teste de Apercepção Infantil CAT-A, de Leopold Bellak e Sonya S. Bellak; Teste de Apercepção Temática T.A.T., de Henry A. Murray; Teste de Rorschach, de H. Rorschach; Sistema Aníbal Silveira; e Teste de Pfister de Max Pfister.

A escolha desses testes se dá pela importância dos mesmos na investigação da personalidade e da interface entre "Psicologia e Direito", entre elas: Direito da Família e Direito da Criança e do Adolescente em uma Avaliação Psicológica, por exemplo: questões de guarda e abuso sexual vêm auxiliar os laudos psicológicos baseados em psicodiagnóstico realizados por psicólogos peritos da área.

Outra interface está na "Escola-Clínica", questões de ansiedade e depressão. Dessa forma, cada teste aqui apresentado tem sua característica especial para avaliarmos a personalidade de acordo com a demanda.

As provas projetivas são utilizadas no contexto psicopedagógico e psicológico, como um meio de análise e depuração do sistema de hipóteses, e devem ser aplicadas quando há suspeita de implicações emocionais ou vínculos negativos com a aprendizagem e a adaptabilidade.

Como testes gráficos projetivos temos:

- **Desenho livre de Florence Goodenough** – o Teste do Desenho como técnica projetiva, pela economia de tempo e fácil administração permite uma abertura para com a pessoa que iremos atender. Criado, inicialmente, por Florence Goodenough, por meio da Escola para Avaliação do Nível Mental, esse teste foi o primeiro a ser reconhecido em verificar que o desenho oferecia indicações seguras para o diagnóstico e mesmo prognósticos de traços de personalidade. Conhecido como Teste do Desenho Livre de uma pessoa, o sujeito projeta para fora de si o que se recusa a reconhecer em si mesmo ou o ser em si. Pelas provas projetivas pretende-se que haja a manifestação do inconsciente, sem medos e/ou repressões – aparecem, aqui, por meio de estímulo, manifestações inconscientes com marcas deixadas pelas vivências dos sujeitos.
- **HTP (HOUSE-Tree-Person), de John N. Buck** – outro teste que surgiu como técnica projetiva para o estudo de personalidade. A dinâmica da personalidade projetada foi descoberta graças ao emprego de várias fontes de evidências, tais como: informações a respeito do paciente, associação livre, interpretação dos símbolos pela análise funcional e comparação de um desenho com outro desenho de uma série, ou por comparação com os dados de Rorschach ou TAT.

Dessa forma, as bases fundamentais estão no uso dos significados da psicanálise e do folclore, derivados do estudo clínico de sonhos, artes, mito, fantasia e outras atividades influenciadas por determinação do inconsciente; visto pela experiência clínica com os mecanismos de deslocamento e substituição, como também uma extensa gama de fenômenos patológicos como sintomas de conversão, obsessões e compulsões, fobias e estados psicóticos, enfim, tudo o que se refere somente à estrutura conceitual do simbolismo: na interpretação da simbolização empregada, despertando as associações do usuário; na evidência empírica; na simbolização do inconsciente, estudo realizado no desenho do inconsciente dos psicóticos; a correlação entre as projeções dos desenhos nas diversas fases de tratamento clínico; a consistência interna entre as respostas a um teste de personalidade, o teste do desenho a história do caso.

- **Procedimento Desenho-Estória (D-E), de Walter Trinca** – é uma técnica baseada na associação dos desenhos livres com estórias, proposto por Trinca em 1972, para compreensão dos tipos vertical e focal, relacionada especialmente às queixas e outras angústias da pessoa que busca atenção psicológica. Ele trouxe uma visão humanística integradora dos propósitos da compreensão psicológica de crianças, adolescentes e adultos nos mais diversos contextos, que visa a compreensão da dinâmica psíquica profunda. É de grande valor para a detecção dos componentes de experiências subjetivas.
- **Procedimento Desenho-Família com Estória** (DF-E), **de Walter Trinca** – aqui contemplado, dá-se devido à prática clínica apresentar diversas formas de agrupamentos familiares, mas os conflitos, desentendimentos e desencontros ainda se referem às diferenças dos indivíduos e à maneira de olharem, sentirem e interpretarem os fatos.

Para tal, precisamos compreender a teoria dos processos grupais de Pichon Rivière, que trouxe a compreensão das inter-relações dentro de um grupo, familiar ou não, bem como considerar as teorias e técnicas de casal e família, na estrutura e na dinâmica para um melhor entendimento. Outra compreensão está com Spivacov, que traz a discordância entre conteúdo da fala e o modo como ele é explicitado, que gera muito conflito, e, muitas vezes, mágoas e afastamento, sendo que contextualizar e explicitar é importante para o casal, que pode levar a compreensão e mudanças. A transgeracionalidade é um fator de grande importância para o entendimento do que se passa no interior de algumas relações conjugais e familiares.

Por fim, o DF-E, como instrumento de observação e análise, é um instrumento capaz de auxiliar na compreensão da maneira como um casal se escolhe conscientemente e inconscientemente, quer pela busca de desenvolvimento, quer pela busca de segurança, bem como compreender a força da transgeracionalidade, atuando de forma consciente e inconsciente sobre as gerações, o grau de sua interferência sobre a construção da subjetividade e da identidade do sujeito.

Como testes projetivos, temos:

- **CAT- A – Children's Apperception Test, de Leopold Bellak e Sonya S. Bellak** – é um método projetivo utilizado na psicologia clínica, no qual é analisado o conteúdo das respostas dadas às 10 pranchas com ilustrações de animais, focalizados nos mecanismos adaptativos de defesa nas respostas dadas às pranchas. É um método para investigar a personalidade e sua dinâmica significativa das diferenças individuais na percepção dos estímulos apresentados. O teste foi idealizado para facilitar o entendimento do relacionamento infantil quanto às suas figuras e desejos mais importantes.

- **TAT – Teste de Apercepção Temática, de Henry A. Murray** – é um método projetivo utilizado na psicologia clínica, no qual é analisado o conteúdo das respostas dadas às apresentações das 10 pranchas (escolhidas conforme a queixa inicial), para revelar impulsos, emoções, sentimentos, complexos e conflitos dominantes de uma personalidade. O seu valor está na exposição às tendências inibidas subjacentes que o sujeito não está disposto a admitir. O material total consiste em 31 cartões-quadros com figuras e 1 cartão branco, mas a aplicação consiste em apresentar somente 10 cartões escolhidos, conforme a queixa apresentada na anamnese.

Como testes projetivos mais elaborados temos:

- **Prova de Rorschach, de Hermann Rorschach** – é um instrumento psicológico projetivo que utiliza manchas de tinta simétricas para avaliar a personalidade e a dinâmica psicológica de um indivíduo. Por meio da interpretação das respostas subjetivas do examinado frente às manchas, o avaliador psicólogo pode obter informações aprofundadas sobre sua percepção do mundo, do pensar, do sentir e do se relacionar, intelectual e afetivamente, perfazendo, dessa forma, a dinâmica de personalidade apresentada. O Sistema utilizado em nosso capítulo é de Anibal Silveira, psiquiatra, psicólogo e um dos fundadores da Sociedade de Rorschach de São Paulo, em 1952. Esse teste é amplamente aplicado em contextos clínicos e forenses.
- **Teste Pfister, de Max Pfister** – é um instrumento psicológico utilizado para avaliar a personalidade e a estrutura mental de um indivíduo. Por meio

de quadradinhos coloridos que complementam pirâmides, motivo pelo qual é chamado de Teste das Pirâmides Coloridas, revela aspectos de personalidade, processos de pensamento, criatividade, percepção, emoções e até mesmo possíveis distúrbios psicológicos. Desenvolvido pelo psicólogo suíço Max Pfister, esse teste é amplamente aplicado em contextos clínicos e de recursos humanos.

De forma geral, os testes gráficos-projetivos e os projetivos são provas projetivas que denotam uma realidade subjetiva relacionada à vivência particular do indivíduo. Não se trata da realidade como ela é, mas sim a realidade que o sujeito vê. As provas projetivas devem ser adaptadas ao tipo de investigação que se pretende realizar e à especificidade do indivíduo. Tanto as aplicações, quanto as análises realizadas, são do campo exclusivo de psicólogos.

INTRODUÇÃO

A avaliação psicológica, de acordo com Resende (2019), é um campo teórico e prático que passou por mudanças nos últimos anos, e que sempre exigiu conhecimentos e competências técnicas específicas.

Durante muito tempo, a avaliação psicológica foi confundida com aplicação de testes psicológicos, mas eles podem ou não ser utilizados no processo de avaliação psicológica.

Existe um certo preconceito, por parte das pessoas, sobre a avaliação psicológica, por utilizarem a mesma para rotular pessoas, mas o que existe é o mau profissional, que não se pauta nas condutas éticas.

A prática da avaliação psicológica é um processo que envolve várias técnicas, métodos e instrumentos para a coleta de informações que contribuem para a compreensão da demanda investigada e que precisam ser embasadas de forma técnica, científica e ética (Resende, 2019).

Para isso, é necessário que o profissional que for trabalhar com essa área busque compreender o sujeito e os grupos, considerando sua inserção social e histórica.

Dessa forma, cada teste aqui apresentado tem sua característica especial para avaliarmos a personalidade de acordo com a demanda.

As provas projetivas são utilizadas nos contextos psicopedagógico e psicológico como um meio de análise e depuração do sistema de hipóteses, e devem ser aplicadas quando há suspeita de implicações emocionais ou vínculos negativos com aprendizagem e adaptabilidade.

Os testes aqui no livro retratados foram divididos em: **Testes Gráficos Projetivos, Testes Projetivos, Testes Projetivos mais elaborados.**

Os Testes Gráficos Projetivos, devido ao baixo custo, facilitam a avaliação que se pretende fazer, pois dependem somente do conhecimento mais profundo por parte do psicólogo quanto à sua aplicação, avaliação e relatório. São eles: Desenho Livre, HTP, Desenho com Estória (D-E), Desenho de Família com Estória (DF-E).

Antes de adentrarmos ao primeiro teste propriamente dito, é importante destacar o que seria **projeção e quais as etapas de evolução do desenho infantil, para melhor compreensão do sujeito a ser investigado.**

Projeção, de acordo com Silva (1989), é uma tendência inconsciente, de uma pessoa que é atribuída a outras pessoas ou coisas.

Os Testes Gráficos Projetivos implicam uma solicitação ao sujeito para que libere sua criatividade sob as condições impostas pelo teste. Por meio deles, de acordo com a teoria psicanalítica, é possível projetar o mau objeto, obtendo controle sobre a fonte de perigo revelada, ficando livre para atacá-lo ou destruí-lo, como também evitar a separação do bom objeto, reparando-o.

Esses testes ajudam a captar esse mundo simbólico, que às vezes é difícil de ser expressado pelo indivíduo em sua linguagem verbal, pois favorecem ao indivíduo revelar seu mundo e a sua realidade pessoal.

O Teste do Desenho Livre, como técnica projetiva, além de aproximar a criança, o adolescente ou o adulto do analisando, apresenta economia de tempo, fácil administração e resultados férteis.

Esses testes refletirão uma impressão do todo individual como uma Gestalt. Tudo o que está no desenho, cada linha, cada parte em suas relações com as outras partes, o aspecto da composição como um todo apresenta um efeito.

Antes de iniciarmos os capítulos que abordarão os testes gráficos projetivos, é importante compreender a evolução do desenho infantil de acordo com a idade e a maturidade.

De acordo com Santos e Melo (2010), conhecendo como se constrói o desenvolvimento do desenho, já podemos compreender se o avaliado, dependendo da idade, cumpriu a maturidade esperada do mesmo.

Ao nascer, a criança traz o potencial de sensibilidade que é a sua porta de entrada das sensações, que as liga imediatamente ao que acontece em seu redor e gradativamente faz com que essas sensações se tornem imaginação criadora e produtiva, ou seja, capacidade de inventar e de criar figuras e formas.

Por meio do desenho, a criança mostra o momento vivido, expressa suas emoções, sensações e percepções. O desenho aparece na vida de uma criança muito antes de ingressar na escola, pois, mesmo antes de começar a vida escolar, desenhos de irmãos e parentes estão presentes.

De acordo com Santos e Melo (2010), a importância do desenho para a criança de 1 a 7 anos reside também no grande valor que tem para a sua criatividade, comunicação e expressão, constituindo-se em uma atividade lúdica que abarca um conjunto de necessidades e potencialidades, ao mesmo tempo em que propicia a integração entre a ação, a cognição, a percepção, a imaginação e a sensibilidade.

Por essa razão, a criança deve sentir-se livre ao desenhar para expressar seus sentimentos, mesmo que ainda não consiga fazer isso ordenadamente. Quando desenha, cria formas de simbolização e passa a considerar que o desenho serve para imprimir o que se vê e o que se sente. "A expressão gráfica é uma manifestação da totalidade cognitiva e afetiva. Quanto mais a criança confia em si e no meio, mais ela se arrisca a criar e a se envolver com o que faz" (Bossa, 1999, p. 41).

1. Etapa da garatuja

Entre 1 e 4 anos, a criança começa a rabiscar e fica fascinada com o movimento de sua mão agarrada a um lápis, deixa um traço ou sinal no papel branco, cujo processo de expressão, nessa fase, tem caráter cinestésico, mas que conduzirá a criança ao desenho, à pintura e, também, à escrita.

Nessa fase, ela sente prazer ao constatar os efeitos visuais que essa ação produziu, mas, no decorrer do tempo, as garatujas, refletem o prolongamento de movimentos rítmicos de ir e vir, transformam-se em formas definidas que apresentam maior ordenação e podem estar se referindo a objetos naturais, objetos imaginários ou mesmo a outros desenhos (Santos; Melo, 2010).

A) GARATUJA DESORDENADA

As garatujas desordenadas correspondem a linhas que seguem em todas as direções. Sem planejamento prévio, a criança controla suas ações. "Seu maior prazer está em explorar o material e riscar o chão, as portas, o próprio corpo e os brinquedos" (Oliveira, 1994, p. 44).

Figura 1 – A ilustração abaixo apresenta o desenho de uma criança de 1 ano e 11 meses em situação escolar e espontânea

Fonte: Santos e Melo, 2010.

B) GARATUJA ORDENADA

A garatuja ordenada corresponde à faixa etária do segundo ano de vida. Nessa fase, a criança descobre que existe ligação entre seus movimentos e os traços que faz no papel, passando do traçado contínuo para o descontínuo. Desenha trocando intencionalmente de cor e começa a fazer formas circulares. "Passa a olhar o que faz, começa a controlar o tamanho, a forma e a localização dos desenhos no papel" (Oliveira, 1994, p. 44).

Figura 2 – A ilustração a seguir mostra o desenho de uma criança de 2 anos e 4 meses em situação espontânea

Fonte: Santos e Melo, 2010.

C) GARATUJA NOMEADA

Nessa última etapa da garatuja, a criança começa a fazer comentários verbais sobre o desenho e passa a dar nome à garatuja. Ela passa mais tempo desenhando e distribui significativamente melhor o traçado no papel. Essa aquisição de controle sobre o desenhar dá um grande prazer à criança e, a partir daí, ela se torna capaz de fazer grafismos mais ricos e mais complexos.

Figura 3 – O desenho a seguir foi elaborado por uma criança de 3 anos e 4 meses em situação espontânea

Fonte: Santos e Melo, 2010.

Nessa observação, a criança dá preferência à figura humana, isso é uma característica da etapa. Aqui a criança relata que desenhou seu pai, sua mãe e a si própria: representando o que é mais significativo para ela.

2. Etapa pré-esquemática

Ocorre entre 4 e 6 anos, sendo nessa fase que surgem as primeiras formas representativas e mais próximas à realidade da criança. Na representação da figura humana, aparecem as formas como "cabeça-pés". Nos primeiros traçados em busca da forma não há proporção, com grandes cabeças sobre extremidades pequenas, ou vice-versa. Trata-se de uma etapa egocêntrica. A figura a seguir mostra o desenho de uma criança de 4 anos e 9 meses, feito espontaneamente.

Figura 4 – Desenho espontâneo de uma criança de 4 anos e 9 meses

Fonte: Santos e Melo, 2010.

A criança aqui mostra que seu desenvolvimento está associado à etapa pré-esquemática. Apresenta uma maior ordenação do traçado, centralizou seu desenho fazendo uma linha base, apresentou a figura humana apenas com cabeça, pernas, pés, braços e mãos. Também fez raios exagerados de sol, flor e animais.

3. Etapa esquemática

Esta etapa se inicia por volta dos 7 anos e se estende até os 9. É quando a criança desenvolve o conceito definido de forma. Seus desenhos simbolizam e representam partes de seu meio e de si.

A grande descoberta nessa etapa é a de existência de uma ordem definida nas relações espaciais. Aparece a linha base, indicando a consciência que a criança tem de que a parte de seu meio ambiente e a mudança da atitude egocêntrica passam para a de cooperação.

É também nessa etapa que a criança descobre que existe relação entre o objeto e a cor. Após definir-se, esse esquema é repetido, o que denota a descoberta de nova experiência e o prazer de dominá-la. A ilustração abaixo mostra o desenho de uma criança de 7 anos, realizado em situação espontânea.

Figura 5 – Desenho espontâneo de uma criança de 7 anos

Fonte: Santos e Melo, 2010.

A etapa esquemática permite reconhecer que a criança com 7 anos já se encontra em outra etapa de seu desenvolvimento, na qual seus desenhos, pinturas e realizações expressivas apresentam seus conceitos, percepções e sentimentos em relação ao meio, como também possibilita ao adulto compreender melhor a criança.

De um modo geral, não há uma idade certa para que a criança passe de uma etapa para outra, isso varia de acordo com o ritmo de cada uma. Assim, a evolução dos desenhos da criança não é a mesma para todas as idades, tem a ver com as experiências, as oportunidades para investigar, experimentar diversos materiais para desenhar, inclusive, o esclarecimento de suas dúvidas, a participação da família, bem como a cultura local vivenciada por cada uma das crianças.

A evolução dos desenhos da criança vem de acordo com sua evolução perceptiva e a compreensão do simbolismo, ou seja, da sua linguagem gráfica ou da autoexpressão, isto é, a criança envolvida nos aspectos sociais, motores afetivos e cognitivos.

REFERÊNCIAS

OLIVEIRA, B.; BOSSA, N. A. (Org.). **Avaliação Psicopedagógica da Criança de 0 a 6 anos**. 17. ed. Petrópolis: Vozes, 2008

RESENDE, A. C. Os cenários que levaram à do Satepsi. criação **Entrevista, Diálogos:** Psicologia Ciência e Profissão, a. 15, n. 10, maio 2019.

SANTOS; MELO, L. **Desenho Infantil e suas etapas de evolução**. Trabalho de Conclusão de Curso (Graduação em Pedagogia) – Faculdade São Luís de França, 2010.

SILVA, M. C. V. M. **TAT** – Aplicação e Interpretação do Teste de Apercepção Temática. São Paulo: EPU, 1989.

CAPÍTULO 1

DESENHO LIVRE – DERIVADO DA FIGURA HUMANA DE FLORENCE GOODENOUGH

O Teste do Desenho, como técnica projetiva, pela economia de tempo e fácil administração, permite uma abertura com a pessoa que iremos atender.

Criado, inicialmente por Florence Goodenough, na Escola para Avaliação do Nível Mental, esse teste foi o primeiro a ser reconhecido ao verificar que o desenho oferecia indicações seguras para o diagnóstico, e mesmo os prognósticos, de traços de personalidade.

Conhecido como Teste do Desenho Livre de uma pessoa, o sujeito projeta para fora de si aquilo que se recusa a reconhecer em si mesmo, ou o ser em si.

Por meio das provas projetivas, pretende-se que haja a manifestação do inconsciente, sem medos e/ou repressões. Aparecem, aqui, por meio de estímulo, manifestações inconscientes com marcas deixadas pelas vivências dos sujeitos.

MATERIAL PARA APLICAÇÃO DO TESTE DO DESENHO LIVRE:

- Papel sulfite
- Lápis número 2
- Caixa de lápis de cor
- Mesa e cadeira confortável
- Local silencioso

ATITUDE DO EXAMINADOR:

- Comportar-se com discrição, de forma tranquila e neutra, e saber as instruções corretas do teste. O examinador poderá dizer palavras de estímulo, quando achar necessário, sem alterar as instruções do teste. Mesmo que as atitudes do examinado sejam estranhas, não se demonstrar chocado, mas continuar na neutralidade necessária quando se aplica qualquer teste.
- Anotar tudo em uma folha de registro: nome do propósito, gênero, idade cronológica, bem como toda a verbalização enquanto desenha, tiques, traços feitos com a mão direita ou a esquerda, movimentos, se vira a folha ou não etc., e, ao término, grampear ao desenho.

APLICAÇÃO:

- Fazer o *rapport* – *rapport* é um conceito do ramo da psicologia que se refere a uma técnica usada para criar uma ligação de sintonia e empatia com outra pessoa. Essa palavra tem origem no termo francês *rapporter*, que significa "trazer de volta".

CONSIGNA:

"Tenho aqui uma folha em branco, lápis, borracha e lápis de cor. Você pode desenhar nessa folha qualquer coisa que queira. Não existe certo ou errado, simplesmente desenhe algo que tenha vontade"

Após o término do desenho, você faz o inquérito, que trata do entendimento do desenho por meio de perguntas.

INQUÉRITO:

1. O que representa o seu desenho?
2. Esse foi o primeiro tema em que pensou? Ou quis desenhar outras coisas?
3. Olhando para o seu desenho, como o considera?

O examinador anota todas as respostas em uma folha à parte, avisando ao examinado que anotará tudo o que ele responder para não esquecer.

Interpretação do Desenho Livre

Abaixo segue o roteiro da interpretação, lembrando que se deve considerar somente o que ocorreu de fato.

1. MOVIMENTOS AO PAPEL

Trata-se das indicações dos movimentos que o propósito der ao papel, movimento para cima, para baixo, para a esquerda, para a direita, ou se vira a folha para o dorso.

a. Oposição: quando vira a folha na forma vertical, e não na horizontal, como seria a regra desse teste – pode indicar que não se acha ajustado ao meio ou se opõe às regras de forma geral.
b. Verbalização: quando acompanha o virar do papel ou vai descrevendo o que desenha – indica angústia com necessidade de fuga do ambiente.

c. Dissimulação: pode usar de hipocrisia, prepotência ou cinismo – uma reação frente ao choque quando descobriu que iria ser testado.

2. LOCALIZAÇÃO NO PAPEL

Indica a relação que estabelece com o ambiente.

a. Desenho no meio da página: sujeito ajustado, auto-dirigido e autocentrado.

b. Desenho um pouco fora do centro da página: sujeito mais dependente; e no extremo da página – grande insegurança.

c. Desenho em um dos cantos da página: sujeito com dificuldade de ajuste ao ambiente, bem como necessidade de fuga agindo sem estratégia de enfrentamento.

d. Desenho no eixo horizontal, mais à direita: sujeito com comportamento controlado, dentro do equilíbrio para satisfazer suas necessidades e impulsos, preferindo satisfações intelectuais às emocionais.

e. Desenho no eixo horizontal, mais à esquerda: sujeito com comportamento impulsivo, procura imediata de satisfação de suas necessidades e impulsos.

f. Desenho do lado esquerdo da página: sujeito inibido, introvertido.

g. Desenho do lado direito da página: sujeito extrovertido.

h. Desenho na linha vertical, acima do ponto médio: sujeito que procura satisfação na fantasia ao invés da realidade, mantendo-se alheio, inacessível.

i. Desenho na linha vertical, abaixo do ponto médio: sujeito que se sente inseguro, preso à realidade, pode-se pensar em depressão.

j. Desenho fora da margem do papel: sujeito com dificuldade de socialização.

k. Desenho com figuras dependuradas nas margens do papel: sujeito com necessidade de autoafirmação, medo de ação independente.

3. PRESSÃO NO DESENHAR

Indica o nível de energia do sujeito.

a. Pouca pressão, traço leve: sujeito com baixo nível de energia. Pode estar deprimido e se restringe ao ambiente.

b. Muita pressão, traço forte: sujeito muito tenso, psicopatia.

4. CARACTERIZAÇÃO DO TRAÇO

Indica equilíbrio emocional.

a. Forte: sujeito com medo, insegurança, agressividade, dissimulação.

b. Leve, normal: sujeito com equilíbrio emocional e mental.

c. Apagado: sujeito que disfarça a agressividade, inibido, com medo de revelar seus problemas.

d. Trêmulo: sujeito inseguro, dissimulado; deve-se investigar doenças cerebrais, disritmia.

e. Reto com interrupções: sujeito que não enfrenta problemas ou tende a dissimulá-los. Um sujeito agressivo, mas que consegue se controlar.

f. Interrompido, mudando de direção: sujeito que se opõe, não aceita as regras do meio ambiente; deve-se investigar o caráter.

g. Peludo: sujeito que age pelo instinto, e não pela razão. Investigar disritmia.

h. Ondulado: investigar disritmia ou doença cerebral.
i. Em negrito: sujeito em conflito.
j. Pontilhado: sujeito com dificuldade de enfrentar o ambiente.
k. Apagado e retocado: sujeito em conflito.
l. Sombreado: sujeito sonhador, mascara conflitos, com sentimento de medo e traços de insegurança.
m. Passado e repassado: sujeito em conflito na zona que desenha.
n. Apagado, emendado e retocado: sujeito dissimulado.
o. Repetido com uso de muito traço no desenho: sujeito inseguro, imaturo, com problema com afetividade e agressividade ao problema encontrado.
p. Reta quebrada com traço dentilhado: sujeito que reprime a agressividade, com tendência à introspecção.
q. Anguloso: sujeito com tendência à introversão e ao isolamento; investigar, pois é característica encontrada em casos de crianças violentadas.

5. SIMETRIA DO DESENHO

Indica equilíbrio emocional.

a. Falta de simetria: sujeito com insegurança emocional.
b. Simetria bilateral: sujeito rígido; investigar obsessividade, compulsão, depressão.

6. DETALHES DO DESENHO

Indica relações espontâneas ou rígidas com o ambiente.

a. Detalhes inadequados: sujeito com tendência a retraimento.
b. Falta de detalhes adequados: sujeito com energia reduzida ou depressão.
c. Detalhe excessivo: sujeito compulsivo-obsessivo.

7. MOVIMENTOS NOS DESENHOS

Todos os desenhos sugerem tensões cinestésicas, desde a rigidez até a extrema mobilidade. O movimento está associado à inteligência e ao tônus vital.

a. Movimento excessivo: sujeito com necessidade de comunicação, inquieto.
b. Movimento monótono: sujeito apático.
c. Movimento hesitante: sujeito inseguro, dissimulado frente a reações.

8. TAMANHO DA FIGURA

Indica autoestima, autoexpansão ou fantasias de autossuperação.

a. Tamanho normal: sujeito com inteligência, com capacidade de abstração espacial e de equilíbrio emocional.
b. Tamanho bem pequeno: sujeito com inteligência, mas com baixa autoestima, com problemas emocionais, desajuste ao meio, repressão à agressividade.
c. Tamanho grande: sujeito fantasioso ou ambicioso.
d. Tamanho exageradamente grande: sujeito com tendências narcísicas, exibicionista, agressivo. Investigar deficiência mental.

9. USO DA BORRACHA

Indica insegurança.

a. Uso normal: sujeito autocrítico.
b. Ausência total: sujeito com falta de crítica.
c. Uso exagerado da borracha: sujeito indeciso, insatisfeito consigo, falta de controle ou fuga.

10. RISCAR O PAPEL

Indica dificuldade de adaptação, fraco índice de controle.

As interpretações acima descritas foram baseadas no livro **O Teste do Desenho como instrumento de diagnóstico da personalidade**, de D. M. S. Campos.

11. CORES UTILIZADAS

Quadro 1 – Cores e suas características

Cor	Características de personalidade e tipo de comportamento
Preto, marrom e azul	Sujeitos inseguros usam cores mais seguras.
Vermelho, amarelo e laranja	Personalidades mais audaciosas usam cores mais arrojadas.
Amarelo e vermelho	Expressão espontânea dos afetos.
Preto e marrom	Personalidades mais reprimidas e inibidas.
Azul e verde	Expressão de comportamento controlado.

Fonte: Hammer (1991, p. 154-177).

Possibilidades diagnósticas:

a. Menor uso de cores: inibição.
b. Aumento do número de cores e uso não convencional: falta de capacidade para exercer controle sobre os impulsos.
c. Quando o sujeito não pinta, usa as cores só para desenhar: timidez.

REFERÊNCIAS

CAMPOS, D. M. S. **O Teste do Desenho como Instrumento de Diagnóstico da Personalidade**. Petrópolis: Vozes, 1986.

HAMMER, E. **Aplicações Clínicas dos Desenhos Projetivos.** Tradução de E. Nick. São Paulo: Casa do Psicólogo, 1991.

NICOLAU, M. L. M. **A Educação Artística da Criança.** 2. ed. São Paulo: Ática, 2008.

OLIVEIRA, B.; BOSSA, N. A. (Org.). **Avaliação Psicopedagógica da Criança de 0 a 6 anos.** 17. ed. Petrópolis: Vozes, 2008.

RESENDE, A. C. Os cenários que levaram à do Satepsi. criação **Entrevista, Diálogos:** Psicologia Ciência e Profissão, a. 15, n. 10, maio 2019.

SANTOS; MELO, L. **Desenho Infantil e suas etapas de evolução.** Trabalho de Conclusão de Curso (Graduação em Pedagogia) – Faculdade São Luís de França, 2010.

SILVA, M. C. V. M. **TAT** – Aplicação e Interpretação do Teste de Apercepção Temática. São Paulo: EPU, 1989.

CAPÍTULO 2

HTP – HOUSE-TREE-PERSON, DE JOHN N. BUCK

O HTP (*house, tree, person*) é um teste criado por John N. Buck, em 1948, como técnica projetiva para o estudo de personalidade.

A dinâmica da personalidade aqui vista é projetada, de acordo com as bases fundamentais da psicanálise e cultura, derivadas do estudo clínico de sonhos, artes, mito, fantasia e outras atividades influenciadas por determinação do inconsciente.

São vistos, também, por meio da experiência clínica, os mecanismos de deslocamento e substituição, bem como uma extensa gama de fenômenos patológicos como sintomas de conversão, obsessão e compulsão, fobias e estados psicóticos. Enfim, tudo o que se refere somente à estrutura conceitual do simbolismo foi descoberto graças ao emprego de várias fontes de evidências, tais como: informações a respeito do paciente, associação livre, interpretação dos símbolos pela análise funcional e comparação de um desenho com outro desenho de uma série, ou por comparação com os dados de Rorschach ou TAT (Buck, 2009).

Buck (2009) define o seu teste do H.T.P. como um instrumento para avaliação da personalidade e das interações do "desenhista" com o ambiente. Além disso, o teste pode ser usado também como uma escala de avaliação da inteligência. O autor partiu da escolha dos desenhos da figura humana, de uma casa e de uma árvore, pois eles seriam símbolos de fácil aceitação por parte do desenhista, especialmente pela familiaridade com os temas e porque eram simbolicamente férteis em termos da significação inconsciente.

Para o autor, cada um dos desenhos seria um autorretrato, como a seguir: a casa, uma representação das relações familiares, do ambiente familiar e da forma como o sujeito se sente nele; a árvore, uma representação dos aspectos mais íntimos do sujeito, o crescimento, a vitalidade, a estabilidade e a adaptação do sujeito; a pessoa, uma forma de explicitar aquilo que gostaria de ser, sua identidade, autoestima, sexo, idade e papel social.

Para quem é o teste?

O teste pode ser aplicado em crianças acima de 8 anos, adolescentes e adultos.

MATERIAL:

- Lápis preto nº 2
- Caixa de lápis de cor
- Borracha
- Folha de papel sulfite e inquérito
- Um relógio ou cronômetro

Local: Sala silenciosa, sem distrações ou interrupções.

Aplicação: a aplicação envolve duas séries: **acromática** (uso apenas do lápis grafite) e **cromática** (uso apenas de lápis de cor), com seus respectivos inquéritos, que devem ser feitos após o término do quarto desenho.

Instruções: solicita-se o desenho da casa (com o papel na horizontal), depois o da árvore (com o papel na vertical), por último, o da pessoa, e depois uma pessoa de outro sexo (ambos com o papel na vertical).

CONSIGNA

"Quero que você desenhe uma casa nessa folha. Você pode desenhar o tipo de casa que você quiser. Faça o melhor que você puder. Você pode apagar quanto quiser e pode levar o tempo que precisar. Apenas faça o melhor possível."

Fazer o mesmo com a ÁRVORE e com a PESSOA, da fase monocromática. Na sequência, fazer o inquérito com cada desenho.

Depois do inquérito, repetir CASA, ÁRVORE, PESSOA, com lápis de cor, pela fase que chamamos de cromática. Na sequência fazer o inquérito com cada desenho.

COMO DEVE SER O EXAMINADOR

O examinador deve estar calmo, neutro, sem reações, e ter conhecimento da aplicação do teste.

Deve-se também cronometrar a partir do momento em que se encerram as instruções.

Enquanto o desenho estiver sendo realizado, o examinador deve anotar em uma folha separada:

a. Latência inicial (intervalo de tempo entre o fim da instrução e o início do desenho);
b. Ordem dos detalhes desenhados;
c. Duração da pausa e detalhe específico depois que a pausa ocorrer;
d. Qualquer verbalização espontânea ou demonstração de emoção e o detalhe que estiver sendo desenhado quando estas ocorrerem;
e. Tempo total para realizar o desenho.

INQUÉRITO POSTERIOR AO DESENHO

O inquérito ajuda como complemento dos desenhos e auxilia na compreensão do tipo de representação que o sujeito faz. Serve para explicar o desenho no momento em que o sujeito "fala" sobre ele, explicitando suas ideias e fantasias acerca do mesmo.

INQUÉRITO DA CASA

1. Quantos anos tem esta casa?
2. Esta casa tem andar superior?
3. Do que esta casa é feita?
4. Esta é a sua própria casa? De quem ela é?
5. Em que você estava pensando enquanto estava desenhando?
6. Você gostaria que esta casa fosse sua? Por quê?
7. Se esta casa fosse sua, qual quarto você escolheria?
8. Quem você gostaria que morasse nessa casa? Por quê?
9. Quando você olha para esta casa, ela parece estar perto ou longe?
10. Quando você olha para esta casa, você tem impressão de que ela está acima, abaixo ou no mesmo nível de você?
11. Em que esta casa faz você pensar ou de que faz você se lembrar?
12. É uma casa feliz, amigável? O que nela lhe causa essa impressão?
13. A maioria das casas são assim?

14. Qual é o clima, tempo neste desenho?

15. De que tempo você gosta? Por quê?

16. De quem esta casa faz você se lembrar? Por quê?

17. Do que esta casa mais precisa? Por quê?

INQUÉRITO DA ÁRVORE

1. Que tipo de árvore é esta?

2. Onde está localizada?

3. Mais ou menos, qual é a idade da árvore?

4. Esta árvore está viva?

5. O que nela lhe dá a impressão de estar viva?

6. Se estiver morta, o que provocou sua morte?

7. Ela voltará a viver?

8. Alguma parte da árvore está morta? Qual parte? O que causou sua morte?

9. Para você, esta árvore parece mais um homem ou uma mulher?

10. O que nela lhe dá essa impressão?

11. Se ela fosse uma pessoa em vez de uma árvore, para onde ela estaria virada?

12. Esta árvore está sozinha ou em um grupo de árvores?

13. Quando você olha para esta árvore, você tem a impressão de que ela está acima, abaixo ou no mesmo nível que você?

14. Como está o tempo no desenho? (Período do dia e ano, céu e temperatura.)

15. Há algum vento soprando? Mostre-me em que direção ele está soprando. Que tipo de vento é este?

16. De que esta árvore faz você se lembrar?

17. O que mais?

18. Esta árvore é saudável? O que nela lhe dá esta impressão?

19. Esta árvore é forte? O que nela lhe dá esta impressão?

20. De quem esta árvore faz você se lembrar?

21. De quem esta árvore mais precisa? Por quê?

22. Alguém já machucou esta árvore? Como?

23. Se "isto" fosse uma pessoa ao invés de (qualquer objeto situado separado da árvore), quem ele poderia ser?

INQUÉRITO DA PESSOA

1. Esta pessoa é homem ou mulher (menino ou menina)?

2. Quantos anos ele(a) tem?

3. Quem é ele(a)?

4. Ele(a) é um parente, um(a) amigo(a) ou o quê?

5. Em que você estava pensando enquanto estava desenhando?

6. O que ele(a) está fazendo? Onde ele(a) está fazendo isso?

7. O que ele(a) está pensando?

8. Como ele(a) se sente? Por quê?

9. Em que esta pessoa faz você pensar ou de que faz se lembrar?

10. Em que mais?

11. Esta pessoa está bem?

12. O que nela lhe dá essa impressão?

13. Esta pessoa está feliz?

14. O que nela lhe dá essa impressão?

15. A maioria das pessoas é assim? Por quê?

16. Você acha que gostaria dessa pessoa?

17. Por quê?

18. Como está o tempo neste desenho?

19. De quem esta pessoa faz você se lembrar? Por quê?

20. Do que esta pessoa mais precisa? Por quê?

21. Alguém já machucou esta pessoa? Como?

22. Se isto fosse uma pessoa (qualquer coisa desenhada separada da pessoa principal), quem seria?

23. Que tipo de roupa esta pessoa está vestindo?

24. (Peça para o indivíduo desenhar um sol e uma linha de solo **em cada** desenho.) Suponha que o sol seja uma pessoa que você conhece, quem seria?

INTERPRETAÇÃO GERAL DOS DESENHOS

1° POSIÇÃO

Figura 6 – Posições

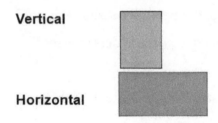

Fonte: Elaborada pela autora, 2025.

A mudança na ordem pode ser interpretada como comportamento de oposição ou demonstração de liberdade.

2° LOCALIZAÇÃO

- **Centro** – Sujeito adaptado ao meio.
- **1º Quadrante** – Sujeito que lida com a realidade, tem projetos.
- **2º Quadrante** – Sujeito com impulsividade, teimosia.
- **3º Quadrante** – Sujeito que opta por regressão.
- **4º Quadrante** – Sujeito com passividade, inibição.
- **Metade inferior** – Sujeito orientado ao concreto, insegurança.

- **Metade superior** – Sujeito com satisfação na fantasia.
- **Metade direita** – Sujeito extrovertido, ativo, em movimento para o futuro, progresso.
- **Metade esquerda** – Sujeito introvertido, predomínio do passado, da afetividade.

Figura 7 – Localização em quadrantes

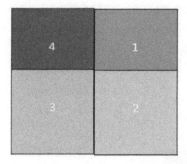

Fonte: Elaborada pela autora, 2025.

Destaca-se o quadrante superior esquerdo como sendo indicativo de deterioração psicótica ou orgânica, falta de maturidade.

• Quadrante inferior direito: quase nenhum desenho é localizado de forma inteira neste quadrante.

3° TAMANHO

O tamanho do desenho reflete a relação dinâmica do sujeito com o ambiente (pressões):

a. Muito grande (folha toda ou quase toda): sujeito que apresenta agressividade e descarga motora.
b. Grande (2/3 a metade): sujeito com sentimentos de expansão, grandeza como defesa da insegurança, falta de controle.
c. Médio (1/3 a 2/3): sujeito equilibrado.
d. Pequeno (1/16 a 1/32): sujeito com sentimento de inferioridade, inibição, comportamento dependente.
e. Muito pequeno (1/64 ou menos): sujeito com tendência a isolamento, inadequação, sentimento de rejeição.

Figura 8 – Tamanhos

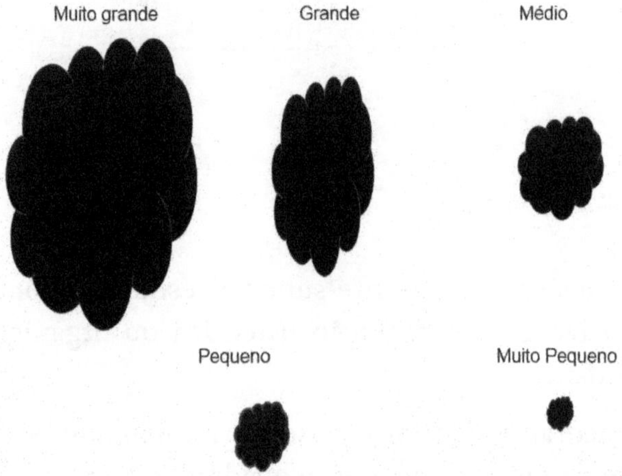

Fonte: Elaborada pela autora, 2025.

4° PROPORÇÃO

a. Desenhos ocupam geralmente de 1 a 2/3 da área da folha: sujeito equilibrado.
b. Desenhos muito pequenos: sujeito com rejeição do tema principal do desenho, tendência a se afastar do ambiente.
c. Desenho muito grande, sem espaço suficiente no papel: sujeito com sentimento de frustração, sente hostilidade para com determinado ambiente.

5° LOCALIZAÇÃO HORIZONTAL

a. Ponto médio da figura situado mais ao lado esquerdo em relação ao ponto médio da folha: sujeito com comportamento impulsivo, satisfação emocional imediata e direta. Forte interesse no passado e interesse em si mesmo.
b. Ponto médio do desenho mais afastado para a direita do ponto médio da folha: sujeito com comportamento estável, rigidamente controlado, de estar propenso a adiar a satisfação de seus impulsos, preferência por satisfações intelectuais e emocionais. Preocupações com o futuro.

6° LOCALIZAÇÃO VERTICAL

a. Ponto médio do desenho situado abaixo do ponto médio da folha: sujeito com sentimentos de inadequação e insegurança, depressão no humor. Tende a buscar a satisfação mais na realidade do que na fantasia.
b. Ponto médio do desenho situado mais acima do ponto médio da folha: sujeito com sentimentos de

luta por objetivos inatingíveis. Busca da satisfação na fantasia e na intelectualidade.

7° LOCALIZAÇÃO CENTRAL

a. Localizado ao redor do ponto geométrico central exato da folha: sujeito com rigidez para compensar sentimento de insegurança.

8° MARGEM DA PÁGINA

a. Desenho "cortado pelo papel" na margem inferior: sujeito com forte potencial para ações explosivas.
b. Desenho "cortado pelo papel" na margem direita: sujeito com desejo de escapar para o futuro.
c. Desenho que utiliza a margem superior da folha como limite: sujeito com fixação no pensamento e na fantasia como fonte de satisfação.
d. Desenho que utiliza as margens laterais da folha como limite: sujeito com insegurança e constrição.
e. Desenho que utiliza a margem inferior da folha como limite: sujeito com depressão e tendência a se comportar de uma maneira concreta e desprovida de imaginação.

9° DISTÂNCIA APARENTE EM RELAÇÃO AO OBSERVADOR

a. Desenho distante, situado em uma colina ao longe, com grande número de detalhes localizados entre o observador e o objeto. **Essa distância implica manter o *self* afastado e inacessível.**

10° POSIÇÃO

a. Ausência de qualquer tipo de profundidade: sujeito com estilo rígido e intransigente, que compensa sentimento de insegurança e inadequação.
b. Desenho em perfil completo, sem a visão do outro lado: sujeito com tendências oposicionistas e de afastamento, paranoia.
c. Transparências: a presença de transparência é comum e normal em crianças pequenas, mas é sinal patológico de inadequação à realidade conforme a idade aumenta. Em adultos, é sinal de esquizofrenia (sujeito com indício de patologias orgânicas ou psíquicas quando desenhadas por pessoas sem diagnóstico de deficiência mental).
d. Com presença de anatomia interna: sujeito com transtorno sério de personalidade. Sinais de esquizofrenia.

11° QUALIDADE DO GRAFISMO

Figura 9 – Linhas e Traços

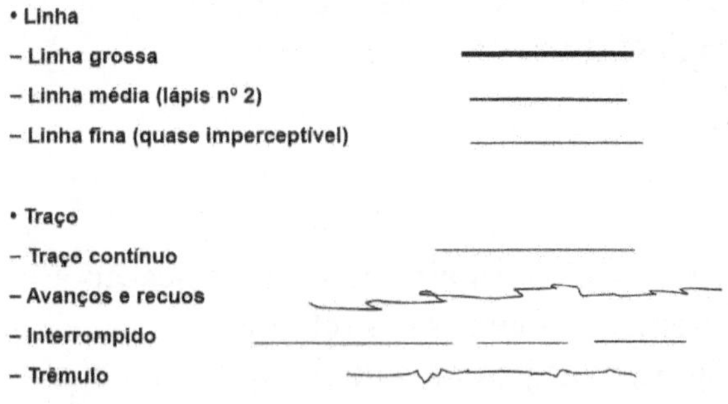

* Linha
– Linha grossa
– Linha média (lápis n° 2)
– Linha fina (quase imperceptível)

* Traço
– Traço contínuo
– Avanços e recuos
– Interrompido
– Trêmulo

Fonte: Elaborada pela autora, 2025.

a. Traçados fortes: sujeito com tensão, e, quando usados em todo o desenho, indicam patologia orgânica. Se forem utilizados em um detalhe específico do desenho, o examinador deve considerar uma fixação em tal área do desenho.
b. Linha muito forte no solo: sujeito com sentimentos de ansiedade nos relacionamentos.
c. Traçados extremamente leves em todo o desenho: sujeito com sentimentos de inadequação, medo ou derrota.
d. Linhas que se tornam mais fracas à medida que progridem: sujeito com indícios de depressão e ansiedade generalizada.
e. Traçados interrompidos: sujeito com indecisão.

12° RESISTÊNCIA – ENTENDIDA COMO REJEIÇÃO EM DIFERENTES INTENSIDADES

a. Negação: sujeito com oposição ou mesmo sentimento de inadequação, incapacidade.
b. Não completa a figura: sujeito com dificuldade em determinada parte, sempre relacionada à área de conflito.
c. Ausência de uma figura: sujeito com dificuldade nas relações sociais ou relacionada com a própria pessoa do desenhista.

13° TEMA

a. Estereótipos: sujeito com identificação a nível da fantasia; problemas nas relações.
b. Figura mais jovem: sujeito com fixação em tempo anterior, regressão como gratificação.

c. Figura com idade aproximada: sujeito com aceitação de si mesmo.
d. Figura mais velha: sujeito que não tem aceitação da própria idade (exigência familiar) ou forte desejo de crescer.
e. Desenho pedagógico: sujeito que normalmente acha as relações interpessoais muito desagradáveis. Sinal de organicidade.

14° POSTURA

a. Em pé: sujeito adequado ao meio, normal.
b. Sentada, deitada: sujeito com suspeita de depressão.
c. Inclinada: sujeito com instabilidade, equilíbrio precário.
d. Caindo: sujeito com iminente colapso de personalidade.

15° MOVIMENTO

a. Estática: sujeito adequado, mais comum.
b. Em movimento: sujeito com fantasias, mobilidade psíquica, adaptação, positivo para desenvolvimento.

16° PERSPECTIVA

A perspectiva retrata a relação com o grau de autoexposição.

a. Toda de perfil: sujeito que utiliza defesa, evasão.
b. Perfil-frente: sujeito com certo exibicionismo x controle social (conflito).
c. Toda de frente: sujeito que se apresenta destemido e comunicabilidade social.

d. Toda de costas: sujeito com problema de ajustamento. Isolamento, evasão.
e. Erros sérios no perfil: sujeito com organicidade e patologia grave.

17° SIMETRIA

a. Normal: sujeito adaptado.
b. Exagerada: sujeito com traços importantes de obsessividade, rigidez, investigar distúrbios – importante descartar organicidade e problemas de lateralidade. Relação com falta de cuidado e controle.

18° PORMENORES

a. Colocar detalhes e enfeites normalmente: sujeito que reflete obsessividade e uma necessidade de esconder algo que acaba sendo reforçado ("o tiro sai pela culatra").

19° COMPLEMENTOS

a. Presença de linha de solo acentuada: sujeito com preocupação com o estar no mundo.
b. Ausência de linha de solo, quando a figura parece estar voando: sujeito que se sente solto no ar, insegurança.
c. Paisagem (no DFH ou HTP): sujeito com tendência ao sonho, contemplação, imaginação, fantasia.
d. Paisagem exagerada: sujeito com ameaça pelo mundo exterior, falta de controle das próprias ideias.
e. Dizeres, rabiscos, formas impróprias, que pode ser uma pessoa brincalhona: sujeito que provavelmente

encobre insegurança e falta de confiança em si mesmo. Quando bizarro, sinal de patologia.

20° PROPORÇÕES

a. Ausência: sujeito com desarmonia na personalidade.
b. Exagero no cuidado: sujeito com preocupação excessiva com o que é certo e com o que é errado.

21° INDICADORES DE CONFLITO – ATITUDE: REJEIÇÃO COMPLETA DO HTP

a. Sentimento de impotência frente à tarefa de indivíduos com distúrbios orgânicos; hostilidade.

22° TEMPO, LATÊNCIA, PAUSA

a. Tempo normal: de 2 a 30 minutos: sujeito adaptado ao meio.
b. Tempo excessivo (maior que 30 minutos): sujeito obsessivo-compulsivo, indivíduo em estado de mania.
c. Não iniciar o desenho até 30 segundos depois da ordem: sujeito com potencial para a psicopatologia.
d. Pausa maior do que 5 segundos em cada desenho: sujeito em conflito (ver a parte que está sendo desenhada no momento da pausa ou que será desenhada).

23° POSTURA CRÍTICA

Quando feitos em excesso, as rasuras e os comentários críticos, tais quais "Nunca aprendi a desenhar..." ou "Isto aqui está fora de proporção" indicam potencial para a patologia, bem como:

a. Abandono do desenho e recomeço de outro em lugar diferente na folha sem apagar o já iniciado.
b. Apagar e não redesenhar um detalhe do desenho.
c. Apagar e redesenhar com preocupação excessiva ao detalhe acompanhado de reação emocional aversiva ao desenho.
d. Comentários: em excesso sobre o desenho enquanto a pessoa o realiza pode trazer conteúdos reprimidos e indicar desajustamento da personalidade ou problema orgânico.

INTERPRETAÇÃO GERAL SÓ DA FIGURA – CASA

Figura 10 – Casa

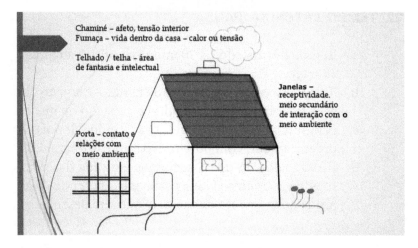

Fonte: Elaborada pela autora, 2025.

1° PORTA

Contato social com o meio imediato. Simbolicamente a porta é a boca da casa.

a. Grande: necessidade ou voracidade de contato; dependência do meio; extroversão.
b. Pequeno: retraimento; dificuldade de estabelecer contato; timidez; introversão; indivíduo mais voltado para si.
c. Fechadura: defesa em relação ao meio; desconfiança; suspira nas relações com o ambiente.
d. Porta aberta: dependência do meio; pouca seleção.
e. Porta fechada: cautela nos contatos.
f. Porta acima da linha da casa: indica inacessibilidade.
g. Fachada da casa: defesa; máscara social; indivíduo que tende a não se revelar.
h. Ausência de porta: indivíduo que não permite a comunicação; não há acesso.

2° JANELAS

Forma secundária de interação com o meio. Simbolicamente são os olhos da casa; devem ser interpretadas em associação com os dados da porta.

a. Janelas abertas: desejo de estabelecer contato.
b. Janelas fechadas: necessidade de retraimento; relutância em interagir com os outros.
c. Janelas com vidraça ou cortinas: indicam cautela no relacionamento, no contato.
d. Janela aberta com venezianas ou cortinas: interação controlada com o meio; cautela e ansiedade no contato.
e. Janelas sem cortinas ou persiana: indicam predisposição em estabelecer ligações de forma repentina e

direta. Esse significado se intensifica se forem muitas janelas.

f. Janelas com vasos, flores, efeitos: via de expressão da feminilidade.

g. Caminho: sugere seletividade nos contatos (em relação ao meio, aos afetos, aos interesses).

h. Quanto maior ou mais longo, maior o indicador de seletividade.

i. Cerca: elemento que indica defesa. Demarca territórios; limites.

3° ESCADAS

Indício de defesa; sugere inacessibilidade; superioridade; chaminé – ligado ao símbolo de masculinidade; de poder masculino. Ganha importância interpretativa à medida que se destaca no desenho.

a. Grande: preocupação sexual; curiosidade sexual ou afirmação da masculinidade.

b. Ausência: não ganha importância interpretativa.

c. Cortada: indício de sentimento de limitação; de castração.

d. Fumaça – indica tensão interna.

e. Fumaça simples: mostra que há vida na casa; indício das emoções do sujeito.

f. Fumaça em negrito: indício de conflito; angústia.

g. Fumaça como pequenas nuvens: ansiedade contida a controlada.

4° POSIÇÃO DA CASA

a. Casa desenhada com a parte frontal à direita: encontrado em canhotos. Pode indicar oposição ou rebeldia.
b. Casa reassentada como dupla: indica ambivalência. Pode ser desenhada por filho de pais separados.

5° PERSPECTIVA

a. Casa vista de cima: sentimento possivelmente defensivo de superioridade.
b. Casa vista de baixo: sentimento de inadequação; dificuldade de atingir metas e objetivos.
c. Uso da margem: sentimento de insegurança.
d. Outros elementos:
e. Lago: símbolo feminino; materno; representa a vida uterina; momento de um desejo regressivo; desejo de proteção.
f. Pato: representação frequente pode indicar traços de regressão.

6° DETALHES ESSENCIAIS: NO MÍNIMO UMA PORTA, UMA JANELA, UMA PAREDE E UM TELHADO

a. Telhado grande: satisfação na fantasia.
b. Telhado desenhado telha por telha: obsessividade.
c. Calhas para escoar água do telhado: atitude defensiva.
d. Casa desenhada sem distinção entre telhado e parede: esquizofrenia.
e. Portas pequenas: inadequação e dificuldades em estabelecer contatos.

f. Portas muito grandes: sugestão de dependência dos outros.
g. Ênfase em maçanetas e dobradiças: sensibilidade defensiva.
h. Janelas sem vidros, grades: indivíduos negativistas.
i. Janelas com grades: atitude defensiva.
j. Várias janelas descobertas: comportamento áspero e direto.
k. Cortinas, venezianas que não estiverem completamente fechadas sugerem uma interação com o ambiente conscientemente controlada, que é acompanhada por alguma ansiedade.
l. Chaminé muito grande: preocupações sexuais e possível exibicionismo.
m. Chaminé muito pequena: falta de calor na situação do lar. Em homens pode refletir dúvidas quanto à masculinidade.
n. Nuvens: ansiedade generalizada.
o. Montanhas ao fundo: atitudes defensivas e necessidade de dependência.
p. Chuva ou neve: necessidade em expressar seus sentimentos por estar sofrendo pressões ambientais.

INTERPRETAÇÃO ESPECÍFICA DO "INQUÉRITO" DA FIGURA – CASA

1. **Quantos andares tem a casa?**

   Pergunta testa a realidade e a atenção do indivíduo.

2. **De que esta casa é feita?**

   Verificar o que o material da casa significa para o sujeito. Tijolos podem significar segurança.

3. **Esta casa é sua ou de outra pessoa? De quem ela é?**

   Com frequência os indivíduos desenham suas próprias casas e representam seus aspectos mais íntimos de relações pessoais.

4. **Em que casa você estava pensando enquanto estava desenhando?**

   Dá certeza sobre a propriedade da casa.

5. **Você gostaria que esta casa fosse sua? Por quê?**

   Na resposta podemos encontrar sentimentos do indivíduo para com seus familiares, de frustração ou de verificar que tipo de casa ele gostaria de ter.

6. **Se esta casa fosse sua e você pudesse fazer nela o que quisesse, qual quarto você escolheria para você? Por quê?**

   Quartos em andares de cima: poder olhar para fora mais facilmente; quarto próximo ao solo pode indicar insegurança e necessidade de estar mais próximo da realidade. O grau de proximidade com o quarto dos demais membros da família pode indicar o nível de proximidade afetiva com seus respectivos ocupantes.

7. **Quem você gostaria que morasse nessa casa com você? Por quê?**

   Respostas são evasivas frente a esta pergunta, pelo seu sentido direto. Pessoas paranoides tendem a querer morar sozinhas ou com outras pessoas que possam dominar.

8. **Quando olha para esta casa, você parece estar perto ou longe?**

Perto: capacidade de realização de sentimentos de acolhimento, de calor humano. Longe: luta ou sentimentos de rejeição.

9. **Quando você olha para esta casa, tem a impressão de que ela está acima, abaixo, ou no mesmo nível que você?**

Respostas parecem dar ênfase a relações pessoais, dentro da família.

10. **Em que esta casa faz você pensar ou lembrar?**

Verificar a associação feita.

11. **Em que mais?**

Expansão das associações, verificar a tonalidade positiva ou negativa das respostas.

12. **É um tipo de casa feliz, amigável?**

Respostas evasivas indicam valências negativas, verificar o tom emocional.

13. **O que nela lhe dá essa impressão?**

Respostas em um primeiro momento geralmente trazem como conteúdo o que está representado no desenho, mas, na verdade, são respostas que servem para verificar os sentimentos do indivíduo em relação aos seus ocupantes, demais membros da família.

14. A maioria da casa é assim? Por que você acha isso?

Verificar até que ponto têm sido generalizados os sentimentos hostis ou amigáveis em relação à casa e seus ocupantes.

15. Como está o tempo neste desenho?

Período do ano, céu e temperatura.

16. De que tipo de tempo você gosta?

Verifica o nível de estresse ou calor humano no lar.

17. De quem esta casa faz você se lembrar? Por quê?

Muitas vezes a pessoa nomeada é um membro íntimo da família do indivíduo.

18. Do que esta casa mais precisa? Por quê?

Respostas definidas geralmente expressam necessidades do indivíduo de afeto, segurança e boa saúde.

19. Se isto fosse uma pessoa, ao invés de (qualquer objeto desenhado separado da casa), quem seria?

Frequentemente objetos sem relevância desenhados em volta da casa significam membros da família ou pessoas com as quais o indivíduo está intimamente associado. A distância deles em relação à casa na folha do desenho pode caracterizar estas relações pessoais.

20. A que parte da casa esta chaminé está ligada?

Se o desenho da chaminé indicar patologia, esta pergunta pode ajudar na identificação de aspectos relevantes nas relações do lar.

21. **Inquérito da planta dos andares.**
Mostra conflitos com membros da família por eventuais omissões ou distorções das proporções dos quartos.

INTERPRETAÇÃO GERAL DA FIGURA – ÁRVORE

Figura 11 – Árvore

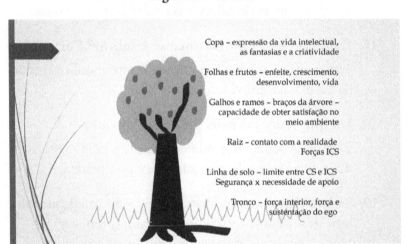

Fonte: Elaborada pela autora, 2025.

Detalhes essenciais: Um tronco e pelo menos um galho

1° TAMANHO

a. Árvore muito pequena: sujeito com falta de adequação para lidar com o ambiente.

b. Árvore muito grande: sujeito que busca compensação na fantasia.

2° GALHOS

a. Galhos grossos e curtos cortados próximo ao tronco: sugerem sujeito com tendência suicida.
b. Galhos quebrados ou mortos: sujeito que apresenta eventos traumáticos em sua estória.
c. Galhos reforçados: sujeito com inadequação na busca de satisfação.
d. Galhos desenhados sem fechamento da extremidade: sujeito com falta de controle dos impulsos.
e. Maior número de galhos localizados na parte esquerda da página: sujeito com forte tendência à busca de satisfação dos impulsos de forma imediata.
f. Maior número de galhos localizados na parte direita da página: sujeito com forte tendência ao adiamento da satisfação emocional e busca pela satisfação intelectual dos impulsos.
g. Simetria perfeita dos galhos: sujeito com sentimentos de ambivalência.

3° TRONCO

Sujeito que apresenta a força básica da personalidade, representa a força do ego.

a. Forte: sujeito com força vital do ego.
b. Frágil: sujeito desvitalizado, frágil.
c. Reto, paralelo: sujeito com rigidez.
d. Linhas periféricas com reforço: sujeito com necessidade de reforçar as defesas do ego, buscando manter integridade.

e. Linhas periféricas tênues: sujeito vulnerável, com instabilidade, falência das defesas.
f. Curvado, afunilado: sujeito com inibição, constrição, pressão ambiental.
g. Bifurcado: sujeito com ambivalência.

Superfície do tronco:

a. Nódulos: sujeito que apresenta provavelmente indício de fato significativo e/ou traumático no desenvolvimento emocional do indivíduo.
b. Com buracos e com animais: sujeito que apresenta sentimento cujo segmento da personalidade está fora de controle (dissociada) ou indica necessidades regressivas de proteção.
c. Sulcos: sujeito com sensibilidade. Se escurecidas, indicam ansiedade.
   - Tronco de base larga e que afina a uma pequena distância acima da base: sugere sujeito que teve um ambiente anterior sem estimulação calorosa e saudável.
   - Tronco mais estreito na base do que na parte superior: sujeito com forte indicação de patologia.
   - Casca da árvore desenhada: sujeito com interação bem equilibrada com o meio.
   - Casca da árvore desenhada com linhas muito fortes: sujeito que apresenta ansiedade.

4° FOLHAS/FLORES

a. Folhas desenhadas de forma meticulosa e detalhista: sujeito com obsessividade.

b. Flores: sujeito com feminilidade, vaidade, sensibilidade.

5° FRUTAS

Frutas são desenhadas por crianças ou ocasionalmente por mulheres grávidas.

a. Frutos: sujeito com produtividade, fertilidade.
b. Muitos frutos ou flores: sujeito com autoexigência de produtividade, pressão para produzir. Busca de reconhecimento e valorização.
c. Frutos, flores ou folhas caídas ou caindo: sujeito com sentimento de perda, depressão.

6° RAÍZES

Sujeito que apresenta fixação e nutrição. Representa a parte mais primitiva e inconsciente da personalidade.

a. Raízes em forma de "garras": sujeito com paranoia, atitudes agressivas.
b. Vista por debaixo do solo: é considerado como transparência e indica necessidade de manter vínculos com a família/mãe e/ou indivíduo que precisa se apegar à realidade por medo de perder contato com a realidade devido à presença de intensa fantasia. Ambas as opções implicam predomínio do desejo sobre a razão.
c. Aparente (sobre o solo): preocupação com a estabilidade, com sua ligação com a realidade.

Obs.: Pessoa desenhada perto da árvore: sugere sujeito com patologia.

7° SOLO

a. Solo: sujeito com estabilidade; contato com a realidade; representa o limite entre consciente e inconsciente. Simbolicamente é a representação da família e da mãe terra.
b. Presença de solo: sujeito com estabilidade; base na realidade; segurança.
c. Ausência de solo: sujeito que apresenta sensação de insegurança; instabilidade.

8°GALHOS

a. Cortados: sujeito com sentimento de castração, aspirações, interesses inibidos. Frustração.
b. Que florescem: sujeito com comportamento secundário que não se integra no conjunto da personalidade. Comportamento impulsivo que acontece à revelia dos controles do ego.
c. Pontudos: sujeito com agressividade.
d. Abertos: sujeito com impulsividade.
e. Com extremidades envolvidas por ramagens, como chumaços de algodão: sujeito com dissimulação da agressividade.

9° COPA

Expressão do indivíduo no meio. Sociabilidade, produtividade.

a. Grande com tronco curto: sujeito com ambição, mas pouco investimento egoico para realização.
b. Pequena com tronco grande: sujeito com energia de ego que não se canaliza adequadamente em direção à produtividade.

c. Que se expande para cima: sujeito com fantasia, ambição.
d. Achatada: sujeito com pressão ambiental.
e. Copa cujos lados pendem para baixo: depressão.
f. Centrípeta: sujeito com egocentrismo, introversão.
g. Centrífuga: busca de contato, extroversão.
h. Com rabiscos internos: sujeito com mobilidade psíquica, confusão mental, produção sem consistência.

INTERPRETAÇÃO ESPECÍFICA DO "INQUÉRITO" DA FIGURA – ÁRVORE

1. **Que tipo de árvore é esta?**

   Os sujeitos normalmente desenham árvores comuns na vizinhança de suas casas.

2. **Onde a árvore está realmente localizada?**

   Lugares de alta valência positiva ou negativa. Floresta: investigar o conceito do indivíduo para floresta.

3. **Mais ou menos, qual a idade da árvore?**

   Normalmente a idade cronológica da pessoa ou a idade "sentida" é expressada.

4. **Esta árvore está viva?**

   Resposta negativa indica depressão, inadequação psicológica, desajuste emocional.

5. **O que nela lhe dá a impressão de estar viva?**

   Movimento, folhagens indicam ajuste no ambiente.

6. O que provocou sua morte?

Sentimento de culpa.

7. Ela voltará a viver?

Ajuda a verificar se a árvore está morta mesmo.

8. Alguma parte da árvore está morta? Qual parte? O que causou sua morte?

Galhos mortos expressam que muitas frustrações foram produzidas por fatores ambientais; raízes mortas indicam desequilíbrio ou desintegração pessoal, tronco da árvore morto revela severa perda de controle do ego. Quanto ao tempo da morte da árvore, seria relacionado ao tempo da patologia do paciente.

9. Para você, esta árvore parece mais um homem ou uma mulher?

Identificação de pai ou mãe.

10. O que nela lhe dá essa impressão?

Visões de elementos humanos na árvore.

11. Se ela fosse uma pessoa, em vez de uma árvore, para onde ela estaria virada?

A resposta é a projeção do indivíduo no ambiente (de frente, de costas etc.).

12. Esta árvore está sozinha ou em um grupo de árvores?

Sem muita significância, a não ser quando expressada com forte emotividade.

13. **Quando você olha para esta árvore, você tem a impressão de que ela está acima, abaixo, ou no mesmo nível que você?**

A) Abaixo: depressão, inferioridade.

B) Em um topo de colina, pode indicar esforço tenso em relação a um objetivo inatingível.

C) Árvore desenhada parcialmente protegida por objetos significa necessidade de proteção, auxílio.

14. **Como está o tempo no desenho? (Período do dia e ano, céu e temperatura.)**

Investigar o que significa o tempo do desenho para o paciente.

15. **Há algum vento soprando? Mostre-me em que direção ele está soprando. Que tipo de vento é este?**

Normalmente descrito como soprando da esquerda para a direita, ausência de considerações incomuns.

A) Todas as direções: perturbação.

B) Ventos de baixo para cima na folha: desejo de fuga da realidade.

C) Vento forte: pressões dolorosas do ambiente.

16. **O que esta árvore faz você lembrar? O que mais?**

Observar o tom positivo e o negativo das respostas.

17. **Esta árvore é saudável? O que nela lhe dá esta impressão?**

Foge um pouco da obviedade da identificação com a figura humana, podendo o indivíduo expressar mais facilmente o que realmente pensa de sua saúde.

18. **Esta árvore é forte? O que nela lhe dá esta impressão?**
Indica a estimativa da força do ego do indivíduo.

19. **De quem esta árvore faz você se lembrar?**
Indivíduos com forte identificação com o paciente.

20. **De quem esta árvore mais precisa? Por quê?**
Respostas claras expressam afetos de que o indivíduo necessita: proteção, segurança etc.

21. **Alguém já machucou esta árvore? Como?**
Indica o grau de agressão ambiental.

22. **Se "isto" fosse uma pessoa ao invés de (qualquer objeto situado separado da árvore), quem ele poderia ser?**
Observar a qualidade das relações, com suas valências positivas ou negativas.

INTERPRETAÇÃO GERAL DA FIGURA – PESSOA

Detalhes essenciais são: cabeça, tronco, duas pernas, dois braços. Já o traço facial deve incluir dois olhos, um nariz, uma boca e duas orelhas. Dependendo da posição da figura, as orelhas podem ficar omitidas. Lembrando que se negar a desenhar indica sujeitos paranoicos ou psicopatas.

Figura 12 – Pessoa

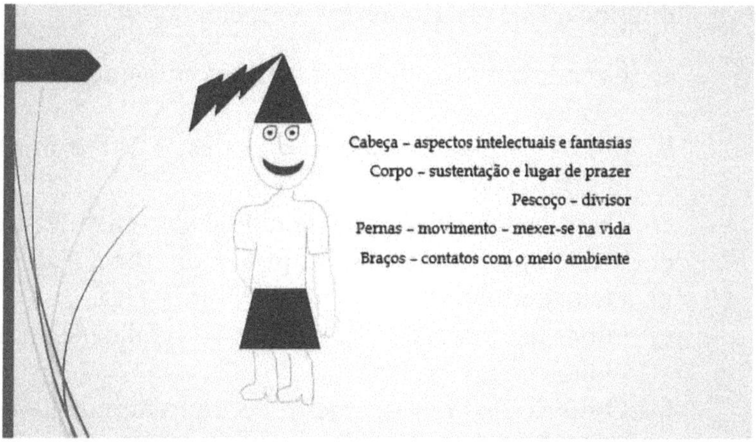

Cabeça – aspectos intelectuais e fantasias
Corpo – sustentação e lugar de prazer
Pescoço – divisor
Pernas – movimento – mexer-se na vida
Braços – contatos com o meio ambiente

Fonte: Elaborada pela autora, 2025.

1° CABEÇA

Sede da razão, do controle dos impulsos e da fantasia.

a. Reforço das linhas que contornam a cabeça: sujeito com necessidade de controlar fantasias perturbadoras e ideação obsessiva ou alucinatória.
b. Cabeça grande: sujeito com ênfase na fantasia e na inteligência.
c. Cabeça muito pequena: sujeito obsessivo-compulsivo ou pode representar uma negação de pensamentos dolorosos e sentimento de culpa.

Obs.: Rosto – é a área de comunicação e expressão social.

2° CABELOS

a. Cabelos e pelos: vitalidade, virilidade, sensualidade.

3° OLHOS

Comunicação e discriminação do meio.

a. Grandes: sujeito com controle do ambiente, curiosidade.
b. Olhos pequenos: sujeito que deseja ver o mínimo possível.
c. Trabalhados: sujeito com feminilidade, sensualidade.
d. Sem pupilas: sujeito com pouca diferenciação do meio, o mundo é percebido de forma vaga.
e. Olhos fechados: sujeito com fuga da realidade, indivíduo voltado para si.
f. Omissão dos olhos: sujeito com probabilidade de alucinações visuais.

4° BOCA

a. Boca: é a área da comunicação, alimentação, zona erógena.

5° NARIZ

Representação fálica.

6° ORELHAS

Sensibilidade à crítica social. Só é interpretada quando se destacam.

7° PESCOÇO

a. Pescoço longo e fino: sujeito com características esquizoides.

8° BRAÇOS

Sujeito com controle do ambiente.

a. Braços junto ao tórax: sujeito que apresenta hostilidade e desconfiança.
b. Braços atrás das costas: sujeito com relutância em estabelecer novas relações.
c. Braços desenhados de forma que as mãos fiquem sobre a pélvis: sujeito (especialmente mulheres) indica melancolia e desajuste sexual.

- Longos: sujeito com desejo de domínio, ambição.
- Curtos: sujeito com sentimento de impotência.
- Finos: sujeito com fragilidade.
- Voltados para trás: sujeito com fuga ao contato, rejeição ao meio, desconfiança. Necessidade de controlar a expressão dos impulsos agressivos.
- Omissão: sujeito com forte sentimento de inadequação e incapacidade de lidar com os problemas relacionados às relações interpessoais.

9° MÃOS

Ação ofensiva ou defensiva no ambiente.

a. Mãos grandes: sujeito com impulsividade e falta de refinamento no trato social.
b. Mãos pequenas: sujeito com relutância para estabelecer contatos sociais, sentimentos de inadequação e menos valia.
c. Fina: sujeito com sensualidade, refinamento pessoal.
d. Grossa: sujeito preocupado com a sexualidade, certo primitivismo.
e. Imprecisas ou borradas: sujeito com falta de confiança nos contatos sociais.

f. Para trás: sujeito com contato superficial, pouco afetivo.

g. Ausência de mãos – dificuldade de relacionamento interpessoal, introversão, hostilidade.

Obs.: Mãos e braços: realização, contato (sociabilidade), agressividade, sexualidade.

10° DEDOS

a. Dedos das mãos pontiagudos: sujeito que apresenta hostilidade em seu contato.

b. Dedos sem mão: sujeito com agressão infantil.

c. Dedos em forma de pétalas: sujeito com pouca habilidade manual, infantilismo.

d. Dedos sombreados ou reforçados: sujeito que apresenta sinal de culpabilidade (roubo ou masturbação).

11° PERNAS

Responsáveis pela estabilidade e pela locomoção.

a. Longas: sujeito que luta por autonomia; apresenta uma não adaptação no ambiente.

b. Curtas: sujeito com falta de autonomia; falta de iniciativa, limitação no sentimento.

c. Ausência: sujeito com sentimento de inferioridade e dependência.

d. Pernas desproporcionalmente longas: sujeito que apresenta esforço em busca de autonomia.

e. Pernas abertas: sujeito com necessidade de segurança.

f. Pernas fortemente unidas: sujeito com desajuste sexual.

12° PÉS

Instrumentos de autolocomoção.

a. Grande: sujeito com ambição; necessidade de reforçar estabilidade, a relação com a realidade, com necessidade de segurança e de demonstrar a virilidade.
b. Pequenos: sujeito com inibição, com necessidade de dependência e limitação na afetividade.

13° POSIÇÃO

a. Pessoa desenhada de frente com braços estendidos junto ao corpo: sujeito com rigidez e intransigência, necessidade de ocultar sentimento de insegurança.
b. Perfil completo sem ver o outro lado: sujeito que se opõe ao ambiente e com afetividade retraída.
c. Forte detalhamento nos sapatos: sujeito narcisista e exibicionista.
d. Grande quantidade de botões na camisa: sujeito com tendência a regressão.
e. Genitais cuidadosamente desenhados: indicação de patologia.

14° TRONCO

Órgãos vitais, órgãos sexuais, vitalidade, sede de vida instintiva e emocional.

a. Ênfase: sujeito com preocupação com o poder físico; problemas psicossomáticos.
b. Caixa rígida: sujeito defendido (ex.: robô).
c. Muito estreito – Sujeito inibido, pressionado nas funções vitais e/ou sexuais.
d. Arredondados: sujeito com indicação de feminilidade.
e. Angulosos: agressividade, masculinidade.

15° PESCOÇO

A área de controle dos impulsos corporais faz a ligação com a cabeça.

a. Ausência: sujeito impulsivo.
b. Muito grande: sujeito com necessidade de controle exagerado.
c. Delgado e fino: sujeito com controle rígido, moralismo.
d. Comprido e longo: sujeito com severidade moral, excessivo controle.
e. Pescoço com gola ou gravata: sujeito que controla, acentuando a separação entre a razão e os instintos.

16° OMBROS

Poder, autoridade.

a. Grandes: sujeito com desejo de afirmação, de poder e de domínio.
b. Pequenos: sujeito com sentimento de inferioridade, constrição, inibição.
c. Angulosos: sujeito com agressividade, autoridade.
d. Arredondados: sujeito com sensibilidade, feminilidade.
e. Ênfase: sujeito com preocupação com a beleza corporal e com o poder físico.

17° CINTURA

Controle entre a área genital e o restante do corpo.

a. Proporcionada: nada a interpretar.
b. Fina ou com traço: sujeito com policiamento dos impulsos.

c. Grandes: sujeito com impulsividade e falta de tato nos contatos sociais.

d. Pequenas: sujeito com sentimentos de inadequação, de menos valia.

e. Imprecisas ou borradas: sujeito com falta de confiança nos contatos sociais.

f. Pescoço e cintura: sujeito com necessidade de controle.

18° ROUPAS/ACESSÓRIOS/DETALHES

Indícios de conflito.

a. Ausência: sujeito que se opõe a tudo contra a sociedade.

b. Botões: sujeito com dependência materna.

c. Bolsos: sujeito com dependência materna.

d. Gravata, símbolo fálico: sujeito com adequação social, expressa em nível social.

e. Chapéu: sujeito com representação social de aspecto fálico (poder).

f. Descalços em figura vestida: sujeito com agressividade; primitivismo.

INTERPRETAÇÃO ESPECÍFICA DO "INQUÉRITO" DA FIGURA – PESSOA

1. **Esta pessoa é homem ou mulher (menino ou menina)?**

   Certificar do contato com a realidade e com a distinção dos sexos.

2. **Quantos anos ele(a) tem?**

   Idade cronológica é sentida.

3. **Quem é ele(a)?**

Tentativa de determinar a identidade da pessoa.

4. **Ele(a) é um parente, um(a) amigo(a) ou o quê?**

Valência positiva ou negativa da pessoa identificada para com o indivíduo.

5. **Em que você estava pensando enquanto estava desenhando?**

Pode ocorrer de aqui o indivíduo nomeado não ser o mesmo que foi nomeado anteriormente. A resposta "ninguém" é aceitável, visto que pode ocorrer de o indivíduo não pensar conscientemente em ninguém.

6. **O que ele(a) está fazendo? Onde ele(a) está fazendo isso?**

Serve para verificar se a ação descrita confere com a descrição do indivíduo feita anteriormente.

7. **O que ele(a) está pensando?**

Sentimentos do indivíduo em relação a ele mesmo, e possivelmente à pessoa identificada.

8. **Como ele(a) se sente? Por quê?**

Sentimentos envolvendo a pessoa desenhada e em relação a ele mesmo.

9. **Em que esta pessoa faz você pensar ou lembrar? Em que mais?**

Verificar relacionamentos interpessoais.

10. Esta pessoa está bem?

Pessoas realmente doentes de forma psicossomática responderão sim, as que fingem ser doentes, responderão não.

11. O que nela lhe dá essa impressão?

Aprofunda ou confirma a questão anterior.

12. Esta pessoa está feliz?

Resposta afirmativa pode ser uma fuga.

13. O que nela lhe dá essa impressão?

Indivíduos valem-se de seus sentimentos para responder esta questão satisfatoriamente.

14. A maioria das pessoas é assim? Por quê?

Simpatia ou empatia do indivíduo pela pessoa referida.

15. Você acha que gostaria desta pessoa? Por quê?

Narcisistas respondem positivamente.

16. Do que esta pessoa mais precisa? Por quê?

Necessidades físicas e psicológicas da pessoa.

17. Alguém já machucou esta pessoa? Como?

Experiências traumáticas em relação com outras pessoas são reveladas.

18. Se isto fosse uma pessoa (qualquer coisa desenhada separada da pessoa principal), quem seria?

Analisar o tom positivo ou negativo que remete à associação.

19. Que tipo de roupa esta pessoa está vestindo?

Analisar a compreensão do desenho pelo indivíduo.

20. (Peça para o indivíduo desenhar um sol e uma linha de solo em cada desenho.) Suponha que o sol seja uma pessoa que você conhece, quem seria?

Identificar que é a pessoa provedora de calor humano ao indivíduo, se for um sol muito grande, representa figura dominadora, e se ninguém for identificado, indica dificuldades no relacionamento interpessoal.

INTERPRETAÇÃO DO USO DAS CORES DA FASE CROMÁTICA

O uso "normal" de cores para cada desenho é:

CASA – de 3 a 5 cores

ÁRVORE – de 2 a 3 cores

PESSOA – de 3 a 5 cores

Se não for assim, temos as seguintes possibilidades diagnósticas:

a. Menor uso de cores: sujeito com inibição.
b. Aumento do número de cores e uso não convencional: sujeito com falta de capacidade para exercer controle sobre os impulsos.
c. Quando o sujeito não pinta, usando as cores só para desenhar: sujeito tímido.

Quadro 2 – Cores e suas características

Cor	Características de personalidade e tipo de comportamento
Preto, marrom e azul	Sujeitos inseguros usam cores mais seguras
Vermelho, amarelo e laranja	Personalidades mais audaciosas usam cores mais arrojadas
Amarelo e vermelho	Expressão espontânea dos afetos
Preto e marrom	Personalidades mais reprimidas e inibidas
Azul e verde	Expressão de comportamento controlado

Fonte: Hammer (1991, p. 154-177).

REFERÊNCIAS

BUCK, J. N. **H-T-P:** casa-árvore-pessoa, técnica projetiva de desenho: guia de interpretação. Tradução de Renato Cury Tardivo. Revisão de Irai Cristina Boccato Alves. 2. ed. São Paulo: Vetor, 2009.

HAMMER, E. **Aplicações Clínicas dos Desenhos Projetivo**s. Tradução de E. Nick. São Paulo: Casa do Psicólogo, 1991. Original publicado em 1926.

CAPÍTULO 3

O PROCEDIMENTO DESENHO-ESTÓRIA (D-E), DE WALTER TRINCA

Walter Trinca, em seu livro mais recente, lançado em 2020, trouxe o conhecimento da dinâmica psíquica no diagnóstico psicológico, que teve por base o emprego de desenhos livres e contar estórias. Esse procedimento foi criado em 1972, por esse mesmo autor, como estímulos de apercepção-temática reunidos em técnicas gráficas e temáticas. Trata-se de um instrumento individualizado que se diferencia de outras técnicas de investigação.

O D-E favorece a compreensão dos tipos vertical e focal, relacionada especialmente às queixas e outras angústias da pessoa que busca atenção psicológica. Esse procedimento trouxe uma visão humanística integradora dos propósitos da compreensão psicológica de crianças, adolescentes e adultos nos mais diversos contextos, que visa a compreensão da dinâmica. Ele é de grande valor para a detecção dos componentes de experiências subjetivas.

O procedimento de D-E consiste em cinco desenhos ou unidades de produção, realizadas pelo examinando, sendo cada qual composta por desenho livre, estória, inquérito e título.

MATERIAL

- Folhas sulfite brancas tamanho A4.
- Lápis preto (nº 2).
- Caixa de lápis de cor (12 cores).

FINALIDADE

O Procedimento de Desenhos-Estórias (D-E) destina-se à investigação de aspectos da dinâmica da personalidade, especialmente quando esta apresenta comprometimento emocional. Pode ser combinado com outros recursos como entrevistas e testes psicológicos e para conhecer os focos conflitivos que se expressam como desajustamentos emocionais, prestando auxílio na intervenção terapêutica.

CONDIÇÕES DE APLICAÇÃO

A aplicação deve ser feita por um psicólogo devidamente qualificado, de preferência no período diurno, devido à luz do dia. O sujeito deve estar com disposição psíquica e ausência de fadiga. Além disso, o ambiente deve estar silencioso, com instalações confortáveis e ausência de terceiros na sala.

TÉCNICA DE APLICAÇÃO

O sujeito é colocado sentado em frente a uma mesa, e o examinador posiciona-se à sua frente.

- Espalham-se os lápis sobre a mesa, com o lápis preto nº 2 junto.
- Coloca-se a folha sulfite branca A4 à frente do sujeito na posição horizontal.
- Consigna: **"Você tem essa folha em branco e pode fazer o desenho que quiser, como quiser".**
- Aguarda-se a conclusão do primeiro desenho. Quando estiver finalizado, o desenho não é retirado da frente do sujeito. O examinador solicita, então, que ele conte uma estória associada ao desenho: **"Você agora,**

olhando o desenho, pode inventar uma estória dizendo o que está acontecendo".

- Caso o sujeito apresente dificuldades de associar uma estória, pode-se introduzir recursos auxiliares, dizendo, por exemplo: **"Você pode começar falando do desenho que fez".**
- Concluída, no primeiro desenho, a fase de contar estória, passa-se ao inquérito. Neste, pode-se solicitar quaisquer esclarecimentos necessários à compreensão e à interpretação do material produzido, tanto no desenho como na estória. O inquérito tem, também, o propósito de ampliação das associações anteriores e obtenção de novas associações.
- Após a conclusão da estória, e ainda com o desenho diante do sujeito, **pede-se o título da produção.**
- Chegado nesse ponto, retira-se o desenho da vista do sujeito. Com isso, teremos concluído a primeira unidade de produção, composta de desenho livre, estória, inquérito, título e demais procedimentos relatados.
- O examinador tomará nota detalhada da estória, da verbalização do sujeito enquanto desenha, da ordem de realização das figuras desenhadas, dos recursos auxiliares, utilizados pelo sujeito, das perguntas e respostas da fase do inquérito, do título, bem como de todas as reações expressivas, verbalizações paralelas e outros comportamentos observados durante a aplicação.
- Pretende-se conseguir uma série de cinco unidades de produção. Assim, concluída a primeira unidade, repetem-se os mesmos procedimentos para as demais unidades.
- Na eventualidade de não conseguir os cinco desenhos em uma única sessão de 60 minutos, é recomendável combinar o retorno do sujeito a uma nova sessão

de aplicação. Não se alcançando o número de unidades de produção igual a cinco, ainda que utilizado o tempo de duas sessões, será considerado e avaliado o material que nelas o examinando produziu. Se as associações verbais forem no conjunto muito pobres, convém reaplicar o processo, reiniciando pela fase de contar estória.

INQUÉRITO

Como foi citado anteriormente, o inquérito destina-se à obtenção de esclarecimentos e novas associações destinados à ampliação da aplicação como um todo. O inquérito deverá ser realizado com uma forma de investigação onírica, possível para ambos os participantes, ou seja, em estado de mergulho na atmosfera de sonhos que recobre a sessão de aplicação. O examinador deve deixar o ato espontâneo surgir do examinado para que os pontos sensíveis das dificuldades emocionais, como os elementos essenciais dos conflitos e das perturbações psíquicas possam emergir. Dessa forma, convém que os conteúdos simbólicos do material sejam imediatamente reconhecidos a fim de que a conversação, que ocorre no inquérito, se conecte diretamente com tais conteúdos. É necessário também considerar que geralmente há uma continuidade de comunicação no nível simbólico entre as várias unidades de produção.

OBSERVAÇÕES GERAIS

- O examinador não deverá se deixar levar pelas primeiras recusas, nada como um bom *rapport* possa controlar.

- Diante de perguntas como: que tipo de estória? Precisa pintar etc., colocar que o sujeito deve proceder como quiser.
- Deve ser evitado o uso de borracha, pois a mesma faria desaparecerem algumas configurações gráficas de valor psicológico.

ANÁLISE

A análise do Procedimento de D-E, que é uma técnica de investigação clínica da personalidade, e não um teste, constitui-se como um instrumento de investigação aberta. A leitura e a decodificação do material serão feitas com base no contexto presente, em que o examinando e/ou seus familiares depositam angústias, dificuldades, fantasias inconscientes e urgências de compreensão.

A vantagem do emprego do Procedimento de D-E vem da economia de materiais, da facilidade e rapidez de aplicação, bem como pela incisividade com que a maioria dos casos efetua a penetração para obter o desvendamento dos processos inconscientes do examinando.

O fato de sugerir a aplicação nas sessões iniciais do atendimento do Procedimento de D-E revela a particularidade de facilitar a expressão dos aspectos inconscientes relacionados aos pontos focais das angústias presentes em determinado momento ou em determinada situação de vida da pessoa, ou uma reinscrição de angústias pregressas, que são indicadas por focos profundos fomentadores de perturbações.

A reprodução dos cincos desenhos não resulta em unidades isoladas, e sim em comunicação contínua, servindo aos propósitos do todo.

INTERPRETAÇÃO

A interpretação dos desenhos se dá pela estrutura do processo compreensivo:

a. Elucidar os significados das perturbações.
b. Ênfase na dinâmica emocional inconsciente
c. Considerações de conjunto para o material clínico.
d. Procura de compreensão psicológica globalizada do paciente.
e. Seleção de aspectos centrais e nodais.
f. Predomínio do julgamento clínico.
g. Subordinação do processo diagnóstico ao pensamento clínico.
h. Prevalência do uso de métodos e técnicas de investigação fundamentados na associação livre.

Por fim, o Procedimento de D-E nasceu da necessidade de novas dinâmicas, diferentes das já existentes, como TAT (*Thematic Apperception Test*) ou CAT (*Children's Apperception Test*), ajudando a consolidar uma nova maneira de encarar o diagnóstico psicológico predominantemente clínico.

Para tanto, além da Psicanálise, foram incorporadas contribuições provenientes de vários campos da atividade psicológica, como a fenomenológico-existencial, a Gestalt, o behaviorismo, estudos sobre a dinâmica familiar e sobre o processo do desenvolvimento humano.

REFERÊNCIA

TRINCA, W. **Diagnóstico Psicológico**: a prática clínica. São Paulo: Vetor, 2022.

TRINCA, W. **Formas Lúdicas de Investigação em Psicologia**: Procedimento de Desenhos-Estórias e Procedimento de Desenhos de Família com Estórias. São Paulo: Vetor, 2020.

CAPÍTULO 4

O PROCEDIMENTO DESENHO-FAMÍLIA COM ESTÓRIA (DF-E), DE WALTER TRINCA

A partir de 1978, a técnica de investigação clínica da personalidade tem se desenvolvido para auxiliar na obtenção de informações sobre as situações intrapsíquicas e intrafamiliares da pessoa no contexto da família.

Ao associar as técnicas gráficas com as técnicas de apercepção temática sob o tema família, introduziu-se o Procedimento de Desenhos de Família com Estórias (DF-E) (Trinca, 1989).

Ao propor DF-E na prática clínica, conseguiu-se analisar não só os agrupamentos familiares, mas também os conflitos, os desentendimentos e os desencontros frente às diferenças dos indivíduos a eles pertencentes, bem como das maneiras de olhar, sentir e interpretar os fatos.

Para tal, precisou-se compreender a teoria dos processos grupais de Pichon Rivière (2005), que trouxe a compreensão das inter-relações dentro de um grupo, familiar ou não, bem como considerar as teorias e técnicas de casal e família, na estrutura e na dinâmica para um melhor entendimento.

Outra forma de compreensão, Spivacov (2011) traz a discordância entre conteúdo da fala e o modo como ele é explicitado, que gera muito conflito e, muitas vezes, mágoas e afastamento, sendo que contextualizar e explicitar é importante para o casal, que pode levar a compreensão e mudanças.

A transgeracionalidade é um fator de grande importância para o entendimento do que se passa no interior de algumas relações conjugais e familiares.

Por fim, o DF-E, como instrumento de observação e análise, é um instrumento capaz de auxiliar na compreensão da maneira como um casal se escolhe consciente e inconscientemente, quer pela busca de desenvolvimento, quer pela busca de segurança, bem como compreender a força da transgeracionalidade, atuando de forma consciente e inconsciente sobre as gerações, grau de sua interferência sobre a construção da subjetividade e da identidade do sujeito.

MATERIAL

- Folhas sulfite brancas tamanho A4.
- Lápis preto (nº 2).
- Caixa de lápis de cor (12 cores).

FINALIDADE

O Procedimento de Desenhos de Família com Estórias (DF-E) tem por finalidade detectar conteúdos psíquicos de natureza consciente e inconsciente relacionados aos objetos internos e externos pertinentes à dinâmica familiar.

Frente à importância da família no desenvolvimento da pessoa, o DF-E é empregado na ampliação do conhecimento sobre as relações intrapsíquicas e intrafamiliares do examinando. Dessa forma, são observados conflitos profundos vividos no meio familiar, fantasias inconscientes a respeito das figuras significativas e jogo de forças emocionais existente no meio familiar.

CONDIÇÕES DE APLICAÇÃO

A aplicação deve ser feita no formato individual, mesmo se for fazer com a família toda, um por vez, separadamente, por um psicólogo devidamente qualificado, de preferência no período diurno, devido à luz do dia. O sujeito deve estar com disposição psíquica e ausência de fadiga, e o ambiente deve estar silencioso, com instalações confortáveis e ausência de terceiros na sala.

TÉCNICA DE APLICAÇÃO

Fazer primeiramente um bom *rapport* entre o examinando e o examinador. O sujeito é colocado sentado frente a uma mesa, e o examinador senta-se à sua frente.

- Espalham-se os lápis sobre a mesa, com o lápis preto nº 2 junto.
- Coloca-se a folha sulfite branca A4 à frente do sujeito, na posição horizontal.

1ª CONSIGNA – "DESENHE UMA FAMÍLIA QUALQUER, COMO QUISER"

- Aguarda-se a conclusão do primeiro desenho. Quando estiver concluído, o desenho não é retirado da frente do sujeito. O examinador solicita, então, que conte uma estória associada ao desenho: **"Você, agora, olhando o desenho, pode inventar uma estória dizendo o que está acontecendo".**
- Caso o sujeito apresente dificuldades de associar uma estória, pode-se introduzir recursos auxiliares,

dizendo, por exemplo: **"Você pode começar falando do desenho que fez".**

- Concluída, no primeiro desenho, a fase de contar estória, passa-se ao inquérito. Neste, pode-se solicitar quaisquer esclarecimentos necessários à compreensão e interpretação do material produzido, tanto no desenho como na estória. O inquérito tem também o propósito de ampliação das associações anteriores e obtenção de novas associações.
- Após a conclusão da estória, e ainda com o desenho diante do sujeito, **pede-se o título da produção.**
- Chegado a este ponto, retira-se o desenho da vista do sujeito. Com isso, teremos concluído a primeira unidade de produção, composta de desenho livre, estória, inquérito, título e demais procedimentos relatados.
- O examinador tomará nota detalhada da estória, da verbalização do sujeito enquanto desenha, da ordem de realização das figuras desenhadas, dos recursos auxiliares utilizados pelo sujeito, das perguntas e respostas da fase do inquérito, do título, bem como de todas as reações expressivas, verbalizações paralelas e outros comportamentos observados durante a aplicação.
- Coloca-se a segunda folha sulfite branca A4 à frente do sujeito, na posição horizontal.

2ª CONSIGNA – "DESENHE UMA FAMÍLIA IDEAL, QUE VOCÊ GOSTARIA DE TER"

Aguarda-se a conclusão do segundo desenho. Quando estiver concluído, o desenho não é retirado da frente do sujeito. O examinador solicita, então, que conte uma estória associada ao desenho: **"Você, agora, olhando o desenho, pode inventar uma estória dizendo o que acontece"**.

Concluída, no segundo desenho, a fase de contar estória, passa-se ao inquérito. Neste, pode-se solicitar quaisquer esclarecimentos necessários à compreensão e à interpretação do material produzido tanto no desenho como na estória. O inquérito tem, também, o propósito de ampliação das associações anteriores e obtenção de novas associações.

- Após a conclusão da estória, e ainda com o desenho diante do sujeito, **pede-se o título da produção.**

O examinador tomará nota detalhada da estória, da verbalização do sujeito enquanto desenha, da ordem de realização das figuras desenhadas, dos recursos auxiliares, utilizados pelo sujeito, das perguntas e respostas da fase do inquérito, do título, bem como de todas as reações expressivas, verbalizações paralelas e outros comportamentos observados durante a aplicação.

- Coloca-se a terceira folha sulfite branca A4 à frente do sujeito, na posição horizontal.

3ª CONSIGNA – "DESENHE UMA FAMÍLIA EM QUE ALGUÉM NÃO ESTÁ BEM"

Repete-se o mesmo procedimento para esta unidade de produção.

- Coloca-se a quarta folha sulfite branca A4 à frente do sujeito, na posição horizontal.

4ª CONSIGNA – "DESENHE A SUA FAMÍLIA"

Repete-se o mesmo procedimento para esta unidade de produção.

Sugere-se obter em uma única sessão essa série completa de quatro unidades de produção. Não sendo possível, é recomendável o retorno do examinando a uma nova sessão de aplicação.

INQUÉRITO

O inquérito destina-se à obtenção de esclarecimentos e novas associações destinados à ampliação da aplicação como um todo. Ele deverá ser realizado com uma forma de investigação onírica, possível para ambos os participantes, ou seja, em estado de mergulho na atmosfera de sonhos que recobre a sessão de aplicação. O examinador deve deixar o ato espontâneo surgir do examinado para que os pontos sensíveis das dificuldades emocionais, como os elementos essenciais dos conflitos e das perturbações psíquicas possam emergir. Dessa forma, convém que os conteúdos simbólicos do material sejam imediatamente reconhecidos a fim de que a conversa, que ocorre no inquérito, se conecte diretamente com tais conteúdos. É necessário, também, considerar que geralmente há uma continuidade de comunicação no nível simbólico entre as várias unidades de produção.

ANÁLISE

O Procedimento DF-E é uma técnica de investigação clínica da personalidade e não um teste, pois se constitui um instrumento de investigação aberta de agrupamentos familiares, mas também os conflitos, os desentendimentos e os desencontros frente às diferenças dos indivíduos a eles pertencentes, bem como das maneiras de olhar, sentir e interpretar os fatos.

A leitura e a decodificação do material serão feitas com base no contexto presente, em que o examinando e/ou seus familiares depositam angústias, dificuldades, fantasias inconscientes e urgências de compreensão.

O emprego do DF-E estende-se a sujeitos adultos, tanto no diagnóstico individual e de casal quanto na utilização cruzada entre a criança e os pais. Considerando a necessidade de avaliação familiar, incluímos os contextos familiares relativos a carência, violência e abuso sexual, separação, perda e luto, adoção, monoparentalidade, homossexualidade e drogadição, entre outros.

INTERPRETAÇÃO

A análise é feita com base em conhecimentos provenientes de várias fontes. Fontes estas imediatas das teorias psicanalíticas, técnicas dos desenhos projetivos, dos testes de apercepção temática e os conhecimentos sobre a dinâmica familiar.

Para facilitar a interpretação, deve-se levar em conta algumas questões:

a. Quais as características peculiares das figuras paterna e/ou materna?
b. Quais os tipos de vínculo e formas de interação com as figuras parentais?
c. Há trocas sexuais e afetivas entre as figuras parentais?
d. Qual é a natureza dos relacionamentos com as figuras fraternas e outras figuras do meio familiar?
e. Manifestam-se determinantes da estrutura e da dinâmica familiar?

f. Podem-se discernir forças psicopatológicas e psicopatogênicas existentes no seio da família.
g. Há eventos familiares reveladores de conflitos e dificuldades do examinando?
h. Quais são os elementos centralizadores dos conflitos e das dificuldades do examinando?
i. Qual é a descrição que o examinando faz de si próprio?
j. Quais são as atitudes para com a vida e a sociedade?
k. Distinguem-se tendências, necessidades e desejos?
l. Podem ser descritas as tonalidades das angústias e as fantasias inconscientes predominantes?
m. Manifestam-se as características das forças da vida e da destrutividade?
n. Apresentam-se mecanismos de defesa?
o. Há fatores de aquisição da individualidade e de integração do *self*?
p. Há outras áreas importantes da experiência emocional?
q. Pode-se fazer um resumo descritivo dos pontos nodais da dinâmica familiar e dos desajustamentos do examinando?

Por fim, o DF-E deve ser interpretado relacionando com as demais informações disponíveis. A análise pode ser feita tanto do conjunto das quatro unidades de produção bem como separadamente, combinado com a entrevista clínica. Essas formas de interpretação tiveram respaldo de psicólogos independentes entre si, com o emprego do referencial psicanalítico (Trinca; Dunker; Bellomo; Rangel; Carvalho, 1990).

REFERÊNCIA

TRINCA, W. **Diagnóstico Psicológico:** a prática clínica. São Paulo: Vetor, 2022.

TRINCA, W. **Formas Lúdicas de Investigação em Psicologia:** Procedimento de Desenhos-Estórias e Procedimento de Desenhos de Família com Estórias. São Paulo: Vetor, 2020.

CAPÍTULO 5

O CAT-A – CHILDREN'S APPERCEPTION TEST, DE LEOPOLD BELLAK E SONYA S. BELLAK

O uso do termo "Métodos Projetivos" para as técnicas de avaliação de personalidade foi apresentado por L. F. Frank, em 1939, pois reunia semelhanças quanto ao seu corpo teórico e prático do Método de Rorschach, do Teste de Associação de Palavras de Jung e o Teste de Apercepção Temática de Henry Murray.

Aplicação: Essas técnicas de avaliação não seguiam a psicometria, utilizada na época, mas seguiam referenciais próprios de abordagem clínica. De acordo com O. Lourenção Van Kolck (1981), essas técnicas diferenciavam da seguinte forma: técnicas analíticas, que acentuam o aspecto quantitativo e estatístico; e técnicas sintéticas, sincréticas ou projetivas, fundadas em uma concepção globalista, que põem ênfase no aspecto qualitativo, descritivo e psicológico.

Aplicação: Os testes projetivos temáticos, como aqui apresentados CAT e TAT, chamados também de Testes de Apercepções Temáticas, revelam os conteúdos significativos de uma personalidade: natureza dos conflitos, desejos fundamentais, relações com o ambiente, mecanismos de defesa, momentos-chave da história de vida, que nada mais são do que a dinâmica da personalidade.

Aplicação: A ideia original do CAT veio por Ernst Kris, que demonstrou presumir que as crianças se identificam mais prontamente com animais do que com pessoas. Dessa forma,

Violet Lamont, ilustradora profissional de livros infantis, fez as ilustrações seguindo orientações de Kris e acrescentou outras de sua preferência.

Dessa forma, surge o CAT, um método projetivo utilizado na psicologia clínica, no qual é analisado o conteúdo das respostas dadas às 10 pranchas com ilustrações de animais, focalizados nos mecanismos adaptativos de defesa presente nas respostas. É um método para investigar a personalidade, sua dinâmica significativa das diferenças individuais na percepção dos estímulos apresentados. O CAT foi idealizado para facilitar o entendimento do relacionamento infantil quanto às suas figuras e desejos mais importantes.

MATERIAL

O CAT, como falado acima, consiste em 10 quadros com ilustrações de animais em várias situações. Encontramos para comprar o kit para aplicação na Vetor Editora, bem como com essas pranchas o psicólogo avaliador deverá ter caneta e folhas para anotações das estórias.

FINALIDADE

O CAT-A é aplicado em crianças de 5 a 10 anos de idade para investigar a dinâmica de personalidade por meio das estórias contadas. Dessa forma, podemos constatar a dinâmica significativa das diferenças individuais na percepção dos estímulos apresentados. Esses quadros apresentados e as estórias contadas facilitam o entendimento do relacionamento infantil quanto às suas figuras e desejos mais importantes.

CONDIÇÕES DE APLICAÇÃO

Na aplicação do CAT-A, deve-se levar em conta os problemas gerais da criança a ser avaliada. Sempre que possível, o CAT-A deve propiciar a motivação para contar uma estória, como se fosse um jogo, e não se tratar de um teste tipo competitivo, no qual a criança tenha de se ver frente a aprovação, desaprovação, competição, disciplina etc.

TÉCNICA DE APLICAÇÃO

A consigna é a seguinte: "Vamos iniciar um jogo, em que você tem de contar uma estória a respeito dos quadros que irei lhe mostrar; você terá de contar o que está acontecendo, o que os animais estão fazendo agora". A apresentação dos quadros é feita uma por uma. Assim que a criança terminar de contar a estória, pergunta-se o que aconteceu antes na estória e o que vai ocorrer depois. A pessoa que aplicar o teste deverá estar certa de não sugestionar a criança. Depois de todas as estórias terem sido relatadas, pode-se voltar a elas, lendo o registrado e pedindo a elaboração de determinados pontos, como: por que foi dado certo nome a alguém, nomes próprios de lugares, idade etc., e até questões concernentes às particularidades típicas do efeito de uma estória. Se o grau de atenção da criança não permitir tal procedimento, será melhor voltar ao assunto tão logo seja possível, após a aplicação do teste.

INQUÉRITO

Como foi escrito anteriormente, o inquérito destina-se à obtenção de esclarecimentos e novas associações destinadas à ampliação da aplicação como um todo. O inquérito deverá ser realizado com uma forma de investigação onírica, possível para ambos os participantes, ou seja, em estado de mergulho na atmosfera de sonhos que recobre a sessão de aplicação.

Dessa forma, convém que os conteúdos simbólicos do material sejam imediatamente reconhecidos a fim de que a conversação, que ocorre no inquérito, se conecte diretamente com tais conteúdos. É necessário, também, considerar que geralmente há uma continuidade de comunicação no nível simbólico entre as várias unidades de produção.

Mas, resumidamente, temos de entender a estória: quem são os personagens? Idade? O que estão fazendo quando não fica claro? O que estavam fazendo antes? O que vão fazer depois? Além disso, é preciso marcar tempo de latência e tempo total, pois isso pode nos falar muito a respeito dos conflitos existentes e apresentados na estória.

O REGISTRO

O aplicador deve dispor de cronômetro, lápis e papel. As verbalizações devem ser anotadas fielmente, registrando-se também a ocorrência de pausas e intervenções do aplicador. Pode-se utilizar um gravador, desde que o testando concorde e não se iniba com a presença do mesmo.

O cronômetro é utilizado para registrar: a) tempo de latência inicial – intervalo entre a apresentação do estímulo e a primeira verbalização da criança, seja um comentário, uma exclamação ou a estória propriamente dita; b) tempo total – intervalo entre a apresentação da prancha e o final do relato espontâneo (não se inclui o inquérito).

A OBSERVAÇÃO

Deve-se estar atento a todo comportamento verbal e não verbal da criança durante a aplicação. Mudanças de postura, reações corporais frente à apresentação dos estímulos, alterações na voz, sinais de ansiedade (agitação motora, tiques etc.) podem indicar como o indivíduo sofre o impacto provocado pela prancha, seus graus de envolvimento com a situação, a interferência da ansiedade etc. Na medida do possível, os comportamentos observados devem ser registrados prancha por prancha.

OBSERVAÇÕES GERAIS

- O examinador não deverá se deixar levar pelas primeiras recusas, nada como um bom *rapport* possa controlar.
- Diante de perguntas como "que tipo de estória?", colocar que o sujeito deve proceder como quiser.
- Diante de afirmações ou comentários, "não sei contar estória", estimular o sujeito com uma das seguintes frases: "Era uma vez", "O que você está vendo nesse quadro?", para que o sujeito dê continuidade.

ANÁLISE OU INTERPRETAÇÃO DA ESTÓRIA

A interpretação se dá por meio da fundamentação dos conceitos psicanalíticos e na teoria projetiva da personalidade. Bellack, autor do teste, baseou-se em hipóteses projetivas e nos fundamentos psicanalíticos para a interpretação do teste, que foi a influência teórica da Psicologia do Ego de Hartmann (1936), pela qual o ego deve responder pelo indivíduo na função de adaptação e adequação ao meio, bem como dos mecanismos de defesa de Ana Freud (1936).

Daremos sequência à interpretação.

Análise de Conteúdo – Buscar o caminho entre o conteúdo manifesto e o conteúdo latente. Baseia-se na hipótese projetiva:

a. Tema principal – Refere-se àquilo que a criança apreende da prancha, buscando-se a interpretação à luz dos temas a que cada prancha se refere. Ao nível descritivo, o tema principal é um resumo descritivo daquilo que o sujeito conta sobre a prancha. Ao nível interpretativo, temos de ver as forças psicológicas envolvidas. Como diagnóstico, há ampliação do conteúdo latente ao nível da dinâmica do sujeito.

b. Herói principal – É o personagem com o qual a criança se identifica e a partir do qual a estória é narrada. O herói principal é aquele que mais se aproxima da idade e do sexo da criança.

c. Figuras percebidas como... – Fazemos aqui a análise dos outros personagens que aparecem na estória: Qual é a sua relação com o herói principal? Como este reage? Com quem é identificado e que relações aparecem.

d. Figuras, objetos e circunstâncias externas introduzidas – Cabe verificar quais as circunstâncias, as figuras e os objetos exteriores ao estímulo, introduzidos na narrativa, e que significado é atribuído a isso.

e. Objetos ou personagens omitidos – Verificar se ocorrem omissões e quais as que permitem a identificação de indício de hostilidade em relação ao objeto ou personagem omitido, expressão do conflito do desejo de que tais figuras não estivessem ali.

f. Natureza da ansiedade – São mais importantes aquelas ansiedades advindas do conflito entre castigo e desaprovação, ou perda de afeto e carinho. Interessa saber quais são os recursos utilizados pela criança para se defender da ansiedade.

g. Conflitos significativos – O exame dos conflitos expressos no tema da história narrada pela criança leva a identificação e compreensão da dinâmica de personalidade, da natureza de ansiedade e dos núcleos de maior tensão.

h. Principais defesas utilizadas – Analisar de quais recursos a criança dispõe para defender-se da ansiedade, quais são os mecanismos de defesa utilizados e qual é a sua adaptação.

- Interpretação – Formação reativa, que seria indicada por: bondade exagerada ou teimosa; atitudes de oposição, rebelião, teimosia, insubordinação; tônus da história oposto ao conteúdo da prancha.

- Interpretação – Anulação e ambivalência, que seria indicada por: desfazer a estória; dar alternativas: indecisão pelo estímulo ou caráter da estória; reafirmação.

- Interpretação – Isolamento, que seria indicado por: atitude desligada e displicente; não responder nada; comentários sobre a história ou sobre a prancha; risadas, exclamação; personagem se perde nos detalhes ou foge devido à raiva; sujeito se alia aos pais contra o personagem infantil e desaprova as ações da criança.

- Interpretação – Rejeição e recusa, que seriam assim indicadas: o personagem infantil espera, controla-se, aprende a lição; aceita o destino; punições prolongadas ou remotas; omite figuras ou objetos da história; omite o conteúdo usual da estória; não aparece fantasia ou estória, descrevendo a prancha; rejeita a prancha.

- Interpretação – Ilusão, que seria indicada nos seguintes casos: a criança é superior ao adulto; o adulto engana a criança, não é o que parece ser.
- Interpretação – Simbolização, que seria indicada por: crianças brincam na cama; vê pais na cama; abre a janela, cava ou cai em um buraco; bebês nascem; fogo, explosões, destruição; privação oral.
- Interpretação – Projeção e introjeção, que seriam indicadas por: atacante é atacado; criança é o agressor ativo; alguns personagens culpam os outros, outros têm segredos ou caçoam de alguém; sujeito adiciona detalhes, objetos, personagens ou acrescenta temas orais; mágica ou poderes mágicos.
- Interpretação – Regressão, que seria indicada por: muito afeto ao contar a estória; referências pessoais; alimento derramado; molhar a cama, água espirrada, derrubada; sujeira, confusão e bagunça, mal cheiro; fantasmas.

i. Adequação do superego – Verificar qual é a relação estabelecida a partir do desenlace da estória e da punição recebida pelo crime cometido, ou seja, se há transigência, se há severidade.

j. Desenlace e integração do ego – Nesse tópico, interessa perceber se a estória apresenta um final realista ou não, feliz ou não. O desenlace da estória é indicador do tônus emocional básico da criança.

k. Nível de maturidade – Aqui, o importante é extrair do CAT o nível de maturidade, ou seja, estabelecer a relação entre a verbalização e o esperado da idade cronológica da criança. Cabe observar o nível intelectual – o emprego da linguagem, os conceitos e a estrutura da estória. Um importante parâmetro seriam as teorias de desenvolvimento infantil, tanto em relação ao desenvolvimento intelectual quanto ao emocional.

• Interpretação – Análise formal: aqui caberia analisar como o sujeito lida com a tarefa, ou como elabora o aumento da tensão interna em função da tarefa de responder ao teste. Alguns tópicos são importantes. Sua análise pode trazer contribuições significativas para o modo de estruturação da personalidade. São elas:

* Características manifestas da produção – Aqui neste tópico seria importante observar:

1. Tempo de latência inicial – O significado do tempo de latência inicial nos dá importantes referências sobre como o sujeito lida com ansiedade; se responde imediatamente, ou, se, pelo contrário, demora a responder. Pode indicar uma atitude mais contrafóbica ou fóbica. Deve-se analisar o nível de organização da estória.

2. Pausa dentro da estória – Pode significar certo afastamento da tarefa, restringindo o envolvimento emocional e controlando a ansiedade, ou uma certa dificuldade no rebaixamento da tensão interna e, portanto, o afastamento da tarefa.

3. Necessidade ou não de questionar – Pode significar uma necessidade de aprovação do examinador, de afeto, de encorajamento para continuar a tarefa. A criança

tenderia a isolar o afeto emergente do estímulo para lançar-se a comentários, exclamações etc.

4. **Natureza das estórias** – Estória infantil; estória construída toda certa; estória rica e elaborada; narrativa no limite da prancha (restrição, tendência à recusa); franca recusa (que seria uma repressão ou negação); narrativa confusa, cortada e desorganizada.

   - A natureza das estórias pode nos levar a duas noções: a primeira diz respeito a uma narrativa longe da prancha (tendência à fabulação), a segunda, a uma narrativa colada à prancha, com muitas descrições.

Dessa forma, surgem dois tipos de tendências:

1. Tentativa de paralisação da narrativa: em que se distinguiriam os fatores de rigidez, apresentados em descrições, apegos a detalhes, racionalizações, tentativas de anulações com condutas de idas e vindas, temáticas de estilo obsessivo, tendência geral à restrição.

2. Entrada na estória: em que podem aparecer certos fatores de labilidade, apresentados em estórias com teatralismos e gosto de drama, valorização de detalhes, labilidade nas identificações (como confusão, sujeito identifica-se com o pai do sexo oposto; criança tem medo ou é punida pelo pai do sexo oposto; sujeito não reconhece o sexo ou espécie; comete atos falhos no que diz respeito ao sexo das figuras). Também podem apresentar temas de medo e ansiedade, como a criança se esconde do perigo, medo de forças de fora, tais como: vento, fantasmas, caçadores, animais selvagens,

monstros, sonhos de perigo, pais que vão embora e não querem a criança. Os fatores de rigidez levariam à noção de uma tendência fóbica, e os fatores de labilidade, à noção de imaturidade.

A ideia de certo controle, que possa fazer frente à ansiedade, permitindo a realização da tarefa, seria atestada pela presença de:

a. Fantasias elaboradas, com relação ao estímulo, à coerência e à estabilidade da linguagem;
b. Possibilidade de utilizar os "clichês" sociais e da vida cotidiana (banalização-socialização), permitindo uma eficaz tomada de distância;
c. Evocação de relações do estilo "crime-punição";
d. Recurso de finais felizes, que teriam um valor positivo, permitindo a realização mágica do desejo e a conclusão da narrativa.

Quando aparecem elementos que freiam o curso da narrativa, ou perturbam a sua continuidade, chegando a impedir a construção lógica do discurso, podem-se atestar controles fracos ou até ausentes. Por exemplo:

a. Presença de fantasias mal estruturadas, que contêm associações difíceis de decifrar, ou, ainda, temas "crus" (ossos, sangue, veneno, sons ou palavras sem sentido). Isso representaria dificuldade de elaboração ao nível do processo secundário de pensamento, testemunhando a dificuldade de fazer frente aos fantasmas claros e mal tolerados.
b. Presença de detalhes raros, vozes bizarras, entre as quais percepção de objetos deteriorados. Esses detalhes, se em favor de um deslocamento, são carregados de valor simbólico.

c. Alteração da expressão verbal, com alterações por vezes da sintaxe, presença de neologismos, confusões ao nível de utilização de pronomes pessoais, testemunhando problemas ao nível da identificação e até da identidade.
d. Percepções sensoriais (comentários sobre a cor da prancha, evocação de barulhos, de odores etc.).
e. Perseveração de conteúdo inusual de uma estória prévia.
f. Pensamento tangencial, associações perdidas.
g. Temas de abandono, de incapacidade, revelando expressões depressivas com dificuldade na continuação da narrativa.
h. Temas de saídas megalomaníacas, que, por vezes, aparecem em um contexto de franca hipomania, alterando a lógica do discurso, em discordância com aquilo que a precede.

REFERÊNCIAS

BELLAK, L.; ABRAMS, D. **CAT-A** – Teste de Apercepção Temática para Crianças. São Paulo: Vetor, 2013.

BELLAK, L.; BELLAK, S. **Teste de Apercepção Temática Infantil com Figuras de Animais** – CAT-A. São Paulo: Mestre Jou, 1979.

MONTAGNA, M. E. **Análise e Interpretação do CAT:** Teste de Apercepção Temática Infantil. São Paulo: Mestre Jou, 1989.

CAPÍTULO 6

TAT – TESTE DE APERCEPÇÃO TEMÁTICA, DE HENRY A. MURRAY

O TAT, Teste de Apercepção Temática, constitui um método para revelar ao intérprete treinado alguns impulsos, emoções, sentimentos, complexos e conflitos dominantes de uma personalidade. O seu valor está na capacidade de expor as tendências inibidas subjacentes que o sujeito não está disposto a admitir ou que não pode por estar no seu inconsciente.

O TAT é um dos principais instrumentos para investigação da personalidade, criado por Morgan e Murray, em 1943, e validado pelo Satepsi até 2023, e que no momento está em processo de nova validação para seu uso.

MATERIAL

O material do TAT consiste em 31 pranchas, que, segundo Murray, representam situações humanas clássicas. As pranchas do TAT parecem apresentar características que possibilitam uma certa distância psicológica e que favorecem a projeção de desenhos carregados de tensão, sem que esta distância seja tão acentuada que inviabilize a identificação com a personagem. Mesmo o aspecto antiquado das figuras, sobre o qual aparecem muitas críticas, garante a possibilidade de identificação, sem que o testando sinta-se ameaçado e assuma uma atitude de defesa. As pranchas são divididas de acordo com o sexo e a idade do sujeito, compreendendo sempre um conjunto de 20 estímulos para cada aplicação. Há as pranchas universais, assinaladas apenas por um algarismo, que se destinam a todos os sujeitos, independentemente do sexo e da idade (pranchas 1, 2, 4, 5, 10, 11, 14, 16, 19, 20). As demais são assinaladas por letras, conforme o grupo específico a que se destinam.

Como exemplo teríamos então:

- Prancha 3RH – destinada a sujeitos do sexo masculino, de qualquer idade;
- Prancha 3MF – destinada a sujeitos do sexo feminino, de qualquer idade;
- Prancha 13HF – para adultos independentemente do sexo;
- Prancha 13R – para meninos;
- Prancha 13M – para meninas.

FINALIDADE

O TAT é aplicado em adolescentes a partir de 13 anos e em adultos para investigar a dinâmica de personalidade por meio das estórias contadas. Dessa forma, podemos constatar a dinâmica significativa das diferenças individuais na percepção dos estímulos apresentados. Esses quadros apresentados e essas estórias contadas facilitam o entendimento dos relacionamentos quanto às suas figuras e aos seus desejos mais importantes.

CONDIÇÕES DE APLICAÇÃO

Na aplicação do TAT, deve-se levar em conta os problemas gerais do sujeito a ser avaliado. Sempre que possível, o TAT deve propiciar a motivação, para contar uma estória.

TÉCNICA DE APLICAÇÃO

A consigna é a seguinte: **"Vou lhe mostrar uma série de figuras e peço que você invente uma estória para cada uma delas. Quero que diga o que está acontecendo, o que sentem e pensam as personagens, quais os acontecimentos que levaram à situação atual e o que acontecerá depois. Anotarei tudo o que você disser, por isso solicito que fale um pouco devagar"**. Na prancha 16, que está em branco, falamos o seguinte: **"Tente imaginar uma cena que poderia estar aqui, tente descrevê-la e invente uma estória sobre ela"**. As instruções podem ser repetidas ao longo do teste, se necessário, e adaptadas à idade e ao nível intelectual ou cultural do sujeito. Apresenta-se a prancha e inicia-se a contagem do tempo, de latência e tempo total.

INQUÉRITO

O inquérito consiste em perguntas feitas pelo aplicador, após o término do discurso espontâneo do sujeito de cada prancha. Destina-se à obtenção de esclarecimentos e novas associações à ampliação da aplicação como um todo. O inquérito deverá ser realizado como uma forma de investigação onírica, possível para ambos os participantes, ou seja, em estado de mergulho na atmosfera de sonhos que recobre a sessão de aplicação.

Dessa forma, convém que os conteúdos simbólicos do material sejam imediatamente reconhecidos a fim de que a conversação, que ocorre no inquérito, se conecte diretamente com tais conteúdos. É necessário, também, considerar que geralmente há uma continuidade de comunicação no nível simbólico entre as várias unidades de produção.

Mas, resumidamente, temos de entender a estória: quem são os personagens? Idade? O que estão fazendo quando não fica claro? O que estavam fazendo antes? O que vão fazer depois? E lembrar de marcar tempo de latência e tempo total, pois isso pode nos falar muito a respeito dos conflitos existentes e apresentados na estória.

O REGISTRO

O aplicador deve dispor de cronômetro, lápis e papel. As verbalizações devem ser anotadas fielmente, registrando-se, também, a ocorrência de pausas e intervenções do aplicador. Pode-se utilizar um gravador, desde que o testando concorde e não se iniba com a presença do mesmo.

O cronômetro é utilizado para registrar:

a. Tempo de latência inicial – intervalo entre a apresentação do estímulo e a primeira verbalização do sujeito, seja um comentário, uma exclamação ou a estória propriamente dita;

b. Tempo total – intervalo entre a apresentação da prancha e o final do relato espontâneo (não se inclui o inquérito).

A OBSERVAÇÃO

Deve-se estar atento a todo comportamento verbal e não verbal do sujeito durante a aplicação. Mudanças de postura, reações corporais frente à apresentação dos estímulos, alterações na voz, sinais de ansiedade (agitação motora, tiques etc.) podem indicar como o indivíduo sofre o impacto provocado pela prancha, seus graus de envolvimento com a situação, a interferência da ansiedade etc. Na medida do possível, os comportamentos observados devem ser registrados prancha por prancha.

OBSERVAÇÕES GERAIS

- O examinador não deverá se deixar levar pelas primeiras recusas, nada como um bom *rapport* possa controlar.
- Diante de perguntas como: que tipo de estória? Colocar que o sujeito deve proceder como quiser.
- Diante de afirmações ou comentários: "Não sei contar estória", estimular o sujeito por meio das seguintes frases: "Era uma vez", "O que você está vendo nesse quadro?", para que ele dê continuidade.

A ESCOLHA DAS PRANCHAS

Há por parte dos autores, tanto de Murray quanto de Shentoub, a necessidade de se aplicar a série completa, ou seja, o total de 20 pranchas. Alguns seguidores de Murray, optam por uma série mais reduzida (10 pranchas). Hoje a aplicação de 10 pranchas torna-se mais viável.

ANÁLISE OU INTERPRETAÇÃO DAS ESTÓRIAS

A interpretação se dá pela fundamentação dos conceitos psicanalíticos e na teoria projetiva da personalidade. Murray, autor do teste, baseou-se em hipóteses projetivas e nos fundamentos psicanalíticos para a interpretação do teste; destacando-se a influência teórica da Psicologia do Ego de Hartmann (1936), na qual enfatiza que o ego é responsável pela função de adaptação e adequação ao meio, bem como dos mecanismos de defesa descritos por Ana Freud (1936).

Daremos sequência à interpretação.

Análise de conteúdo – buscar o caminho entre o conteúdo manifesto e o conteúdo latente. Baseia-se na hipótese projetiva:

a. Tema principal: refere-se àquilo que a criança apreende da prancha e busca a interpretação à luz dos temas a que cada prancha se refere. Ao nível descritivo, o tema principal é um resumo descritivo daquilo que o sujeito conta sobre a prancha. Ao nível interpretativo, temos de ver as forças psicológicas envolvidas. Como diagnóstico, há ampliação do conteúdo latente ao nível da dinâmica do sujeito.

b. Identificação do herói: é o personagem com o qual o sujeito se identifica, e a partir do qual a estória é narrada. O herói principal é aquele que mais se aproxima da idade e do sexo do sujeito.

c. Necessidades do herói: as necessidades se fazem por meio das declarações explícitas do sujeito (ele quer... ele procura...). As necessidades expressariam assim aquilo que o indivíduo busca satisfazer, o impulso básico que determina suas ações.

- Interpretação – Necessidades de corresponder às demandas do ambiente (o herói atende o chamado).

- Interpretação – Necessidade de ser eficiente (o herói esforça-se em salvar a paciente).

- Interpretação – Necessidade de ser melhor, de se questionar (o herói revê seu procedimento, analisa).

d. Figuras, objetos ou circunstâncias introduzidas percebidas como...: fazemos aqui a análise dos outros personagens que aparecem na estória, qual é a sua relação com o herói principal, como este reage, com quem é identificado e que relações aparecem. Cabe verificar quais as circunstâncias, as figuras e os objetos exteriores ao estímulo, introduzidos na narrativa, e que significado é atribuído a isso.

e. Figuras, objetos e circunstâncias omitidas: verificar se ocorre omissões e quais as que permitem a identificação de indício de hostilidade em relação ao objeto ou personagem omitido, expressão do conflito do desejo de que tais figuras não estivessem ali.

f. Concepção do ambiente: o modo como o sujeito configura o ambiente em seus relatos é uma complexa mistura de autopercepção e distorção perceptiva de estímulos. Considera-se como ambiente todo o contexto que envolve o herói, incluindo as demais personagens evocadas.

g. Figuras percebidas como reação do herói: neste tópico, verificamos, mais detalhadamente, como o sujeito percebe e se relaciona com outros indivíduos: pais, amigos, rivais, companheiros etc. Por exemplo: dependendo da prancha, observar como o pai é percebido: como fonte de apoio, orientação ou um inimigo, com crítica. E como o filho reage?

h. Conflitos significativos: os conflitos referem-se a desejos incompatíveis e concomitantes, revelados por meio das necessidades do herói, ou a impulsos que se opõem ao superego (agressão, desejo sexual, impulsos antissociais de maneira geral) ou ao ambiente. É interessante identificar não só o conflito em si, como também as defesas que o indivíduo utiliza contra a ansiedade por ele provocada. Nosso sujeito apresenta, basicamente, o conflito entre o desejo de realização e o sentimento de incapacidade, ou seja, há uma oposição entre o que ele deseja ser e o modo como sente que é. Que defesas utiliza na colocação desse conflito? Aqui não falamos mais de herói, mas sim do sujeito, do modo como articula a trama do seu relato.

i. Ansiedade: são mais importantes aquelas ansiedades advindas do conflito entre castigo e desaprovação, ou perda de afeto e carinho. Interessa saber quais são os recursos utilizados pelo sujeito para se defender da ansiedade.

j. Conflitos significativos: o exame dos conflitos expressos no tema da história narrada pelo sujeito leva à identificação e à compreensão da dinâmica de personalidade, da natureza de ansiedade e dos núcleos de maior tensão. O que incomoda o sujeito? O que ele gostaria de não perceber, não tomar consciência? O que ele está tentando preservar? A resposta é clara para a questão da sua autoimagem, manter o amor-próprio e não se sentir tão ineficiente e inábil frente às demandas da realidade.

k. Principais defesas utilizadas: aqui, deve-se analisar de quais recursos o sujeito dispõe para defender-se da ansiedade, quais são os mecanismos de defesa utilizados e qual é a sua adaptação.

- Interpretação – Racionalização – evidencia-se pelo uso de argumento lógico, que pode ser convincente ou não, para justificar uma atitude do herói ou uma ação por ele sofrida.

- Interpretação– Negação – manifesta-se pela negação do conteúdo ansiógeno.

- Interpretação – Formação reativa, que seria indicada por: bondade exagerada ou teimosa; atitudes de oposição, rebelião, teimosia, insubordinação; tônus da história oposto ao conteúdo da prancha.

- Interpretação– Anulação e ambivalência, que seriam indicadas por: desfazer a estória; dar alternativas; indecisão pelo estímulo ou caráter da estória; reafirmação.

- Interpretação – Isolamento, que seria indicado por: atitude desligada e displicente; não responder nada; comentários sobre a história ou sobre a prancha; risadas, exclamação; personagem se perde nos detalhes ou foge devido à raiva; sujeito se alia aos pais contra o personagem infantil e desaprova as ações da criança.
- Interpretação – Projeção e introjeção, que seriam indicadas por: atacante é atacado; alguns personagens culpam os outros, outros têm segredos ou caçoam de alguém; sujeito adiciona detalhes, objetos, personagens ou acrescenta temas orais.
- Interpretação – Regressão, que seria indicada por muito afeto ao contar a estória; referências pessoais; alimento derramado; molhar a cama, água espirrada, derrubada; sujeira, confusão e bagunça, mal cheiro; fantasmas.

l. Adequação do superego: verificar qual é a relação estabelecida, a partir do desenlace da estória e a punição recebida pelo crime cometido, ou seja, se há transigência, se há severidade.

m. Integração do ego: neste tópico, interessa perceber se a estória apresenta um final realista ou não, feliz ou não. O desenlace da estória é indicador do tônus emocional básico da criança.

- Interpretação – Análise formal – aqui caberia analisar como o sujeito lida com a tarefa, ou como elabora o aumento da tensão interna, em função da tarefa de responder ao teste. Alguns tópicos são importantes. Sua análise pode trazer contribuições significativas para o modo de estruturação da personalidade. São elas:

* Características manifestas da produção – aqui neste tópico seria importante observar:

1. Tempo de latência inicial – o significado do tempo de latência inicial nos dá importantes referências sobre como o sujeito lida com ansiedade; se responde imediatamente, ou se, pelo contrário, demora a responder. Pode indicar uma atitude mais contrafóbica ou fóbica. Deve-se analisar o nível de organização da estória.

2. Pausa dentro da estória – pode significar certo afastamento da tarefa, restringindo o envolvimento emocional e controlando a ansiedade, ou uma certa dificuldade no rebaixamento da tensão interna e, portanto, o afastamento da tarefa.

3. Necessidade ou não de questionar – pode significar uma necessidade de aprovação do examinador, de afeto, de encorajamento para continuar a tarefa. A criança tenderia a isolar o afeto emergente do estímulo para lançar-se a comentários, exclamações etc.

4. Natureza das estórias – estória infantil; estória construída toda certa; estória rica e elaborada; narrativa no limite da prancha (restrição, tendência a recusa); franca recusa (que seria uma repressão ou negação) narrativa confusa, cortada e desorganizada.

A natureza das estórias pode nos levar a duas noções: a primeira diz respeito a uma narrativa longe da prancha (tendência à fabulação), a segunda, a uma narrativa colada à prancha, com muitas descrições.

Dessa forma, surgem dois tipos de tendências:

1. Tentativa de paralisação da narrativa: em que se distinguiriam os fatores de rigidez, apresentados em

descrições, apegos a detalhes, racionalizações, tentativas de anulações com condutas de idas e vindas, temáticas de estilo obsessivo, tendência geral à restrição.

2. Entrada na estória: em que podem aparecer certos fatores de labilidade, apresentados em estórias com teatralismos e gosto de drama, valorização de detalhes, labilidade nas identificações (como confusão; sujeito identifica-se com o pai do sexo oposto; criança tem medo ou é punida pelo pai do sexo oposto; sujeito não reconhece o sexo ou espécie, atos falhos no que diz respeito ao sexo das figuras; presença de temas de medo e ansiedade; animais selvagens e sonhos de perigo). Os fatores de rigidez levariam à noção de uma tendência fóbica, e os fatores de labilidade, à noção de imaturidade.

A ideia de certo controle, que possa fazer frente à ansiedade, permitindo a realização da tarefa, seria atestada pela presença de:

a. Fantasias elaboradas, com relação ao estímulo, à coerência e à estabilidade da linguagem;
b. Possibilidade de utilizar os "clichês" sociais e da vida cotidiana (banalização-socialização), permitindo uma eficaz tomada de distância;
c. Evocação de relações do estilo "crime-punição";
d. Recurso de finais felizes, que teriam um valor positivo, permitindo a realização mágica do desejo e a conclusão da narrativa.

Quando aparecem elementos que freiam o curso da narrativa, ou perturbam a sua continuidade, chegando a impedir a construção lógica do discurso, podem-se atestar controles fracos ou até ausentes. Por exemplo:

a. Presença de fantasias mal estruturadas, que contêm associações difíceis de decifrar, ou, ainda, temas "crus" (ossos, sangue, veneno, sons ou palavras sem sentido). Isso representaria dificuldade de elaboração ao nível do processo secundário de pensamento, testemunhando a dificuldade de fazer frente aos fantasmas claros e mal tolerados.
b. Presença de detalhes raros, vozes bizarras, entre as quais percepção de objetos deteriorados. Esses detalhes, se em favor de um deslocamento, são carregados de valor simbólico.
c. Alteração da expressão verbal, com alterações por vezes da sintaxe, presença de neologismos, confusões ao nível de utilização de pronomes pessoais, testemunhando problemas ao nível da identificação e até da identidade.
d. Percepções sensoriais (comentários sobre a cor da prancha, evocação de barulhos, de odores etc.).
e. Perseveração de conteúdo inusual de uma estória prévia.
f. Pensamento tangencial, associações perdidas.
g. Temas de abandono, de incapacidade, revelando expressões depressivas com dificuldade na continuação da narrativa.
h. Temas de saídas megalomaníacas, que, por vezes, aparecem em um contexto de franca hipomania, alterando a lógica do discurso, em discordância com aquilo que a precede.

REFERÊNCIAS

BRELLET-FOULART, E.; CHABERT, C. **Novo Manual do TAT:** Abordagem Psicanalítica. São Paulo: Vetor, 2008.

MURRAY, H. A. **Teste de Apercepção Temática**. São Paulo: Mestre Jou, 1973.

SILVA, M. C. V. M. **Aplicação e Interpretação do Teste de Apercepção Temática**. São Paulo: EPU, 1989.

CAPÍTULO 7

PROVA DE RORSCHACH – SISTEMA SILVEIRA – BREVE APANHADO

A prova de Rorschach, aqui referenciada, seguirá o Sistema Silveira (Coelho, 2002), e levaremos em conta **somente a aplicação**, uma vez que a análise e a interpretação requerem praticamente um livro de 300 páginas e um curso de 600h ou 3 anos.

Vale ressaltar que os psicólogos que queiram aprender a Prova de Rorschach devem fazer a especialização do mesmo, que dura de dois a três anos e pode ser feita na Sociedade Rorschach de São Paulo (https://www.rorschach.com.br/).

Segundo Coelho (2002), os modelos científicos do psiquismo têm se articulado com fenômenos relacionados à atividade cerebral, como também com determinantes de ordem sociocultural. Dessa forma, os estudos sobre atenção, memória, pensamento, consciência e emoção se fazem necessários para o exame de processos psíquicos.

No entanto, o movimento da psicologia teórica e experimental, crescente com o pragmatismo americano, tem adotado o procedimento empírico, de comparação indutiva de sintomas comportamentais, como norma dominante, a categorização dos fenômenos psicopatológicos, por meio de escalas, questionários como instrumentos de avaliação de expressões sintomáticas comportamentais. Assim, os conceitos da psicologia tradicional – caráter, temperamento, traços de personalidade – são reformulados a partir de definições operacionais, passíveis de verificação empírica, mas não integrados em modelos teóricos mais amplos.

No entanto, na área clínica, especialmente no estudo de caso que tenta entender como um distúrbio psicopatológico ou conflito emocional afeta a dinâmica da personalidade e interfere na modalidade particular de integração do paciente ao ambiente físico e social, é indispensável a utilização de um modelo científico do psiquismo humano.

Dessa forma, a prova de Rorschach exige ao mesmo tempo a utilização racional de conhecimentos teóricos sobre o psiquismo humano e o procedimento sistemático e objetivo de identificação e codificação das variáveis envolvidas durante a realização da prova.

Apesar de o uso da prova de Rorschach compreender inúmeras dificuldades, devido à sua complexidade, bem como competência teórica e experiência profissional consistente para a análise e interpretação do psicograma, sem sombra de dúvida é uma descoberta fascinante por parte do psicólogo, pois oferece conhecimento profundo e sensível sobre o ser humano.

HISTÓRICO

Os testes psicológicos tornaram-se uma área de atuação relativamente nova de uma das ciências mais jovens da história do conhecimento humano.

Anastasi (1977) refere que, pelo final do século XIX, teve início um movimento, por parte de psicólogos e psiquiatras, para oferecer um tratamento mais humanizado aos débeis e aos doentes mentais. Assim sendo, surgiu a necessidade de se adotar critérios mais uniformes, a fim de que se pudesse identificar e classificar esses casos, com base em padrões de um sistema mais objetivo de avaliação, voltando para análise da inteligência e aptidão.

Ao pensar em avaliar a personalidade, denominados Inventários de Personalidade, ou testes de autodescrição (Anastasi, 1977), a série de estímulos verbais padronizados e as respostas evocadas por eles, são avaliados segundo seus correlatos de comportamento, estabelecidos de forma empírica. Embora essas respostas possam corresponder à percepção da realidade pelo sujeito, isso não colaborou com o resultado da subjetividade humana.

A crescente exigência da complexidade do trabalho com a avaliação da personalidade demandou uma metodologia que ultrapassasse o simples uso da verbalização como estratégia para se chegar a dados mais representativos da subjetividade humana. A evolução histórica do estudo da personalidade humana mostra que as técnicas projetivas vieram como uma tentativa de preencher, nessa fase, essa lacuna.

Anzieu (1978) afirma que a expressão "métodos projetivos" foi empregada pela primeira vez por L. K. Frank, em um artigo publicado em 1939, no **Journal Of Psychology**, com o título "Os Métodos Projetivos para o Estudo da Personalidade". O artigo explicava a relação entre três testes psicológicos que surgiram nesse período: o Teste de Associação de Palavras, de Jung (1904), o Teste das Manchas de Tinta, de Rorschach (1920) e o TAT (teste de histórias), de Murray (1935).

As técnicas projetivas são caracterizadas por estímulos ambíguos, a partir dos quais o sujeito responde interpretando cada um deles e dando um significado que traz um conteúdo inconsciente da sua personalidade. O Rorschach e o TAT são os exemplos mais conhecidos.

O Rorschach, portanto, foi elaborado por Hermann Rorschach, psiquiatra e psicanalista freudiano suíço, que nasceu em Zurique, em 8 de novembro de 1884, e morreu no dia 2 de abril de 1922. Durante sua infância, Hermann Rorschach, filho de Ulrich Rorschach, um pintor e professor – e aí denota-se, também, influência das manchas – era um entusiasta de um jogo muito difundido no século XIX, chamado *Klecksographie* (*Klecks* significa mancha de tinta). Nesse jogo, os jogadores criavam pequenos poemas a partir de manchas abstratas de tinta – cujo princípio básico é o mesmo de formar figuras com as nuvens dispostas no céu. Apesar de ter feito alguns experimentos anteriores menos sistemáticos, foi nos anos 1917-1918 que Hermann Rorschach começou um estudo mais sistemático do uso do método de manchas de tinta no diagnóstico psiquiátrico, sobretudo o de esquizofrenia. Na época, ele trabalhava como diretor do hospital Krombach, em Herisau, na Suíça, e pôde reunir dados de pacientes, funcionários e estudantes, coletando assim respostas tanto de pacientes como de pessoas saudáveis. Essa foi a base da tese **Psychodiagnostik**, publicada em junho de 1921, primeira apresentação oficial do teste.

Originalmente Hermann Rorschach usava um total de 40 pranchas diferentes, que logo se reduziram a 15. Mesmo esse número bem diminuído de pranchas representou uma grande dificuldade para a publicação da obra devido ao alto custo de impressão.

A maioria dos editores consultados mostrava-se dispostos a publicar apenas seis pranchas, com o que o autor não concordava. Assim, durante todo o ano de 1920, a obra, já pronta, não pôde ser publicada – chegando a ser reescrita, uma vez que Hermann Rorschach continuava colhendo dados. Apenas em 1921, Hermann Rorschach conseguiu, com o auxílio de Walter Morgenthaler, negociar um compromisso com o editor Bircher de Berna: ele editaria 10 das pranchas.

Uma situação inusitada e importante aconteceu para o desenvolvimento posterior do teste: foi o fato de o editor ter tido problemas na reprodução das manchas, de forma que as pranchas editadas eram menores do que as originais e possuíam um sombreado inexistente anteriormente, que é a forma atual do teste. Essas mudanças, ao invés de terem sido um problema, representaram novas possibilidades para o teste, embora não fizessem parte da obra original de Rorschach. Assim, o autor começou a colher novos dados com as pranchas publicadas.

Com a morte prematura de Hermann Rorschach, este deixou apenas um artigo inacabado a respeito dos sombreados e que Hans Binder, em 1932, começou a se dedicar à interpretação desses sombreados. Outros representantes do teste na Europa foram Walter Morgenthaler, Emil Oberholzer, Georgi Roemer, Hans Behn-Eschenburg e Hans Zulliger. Eles foram os primeiros treinadores de especialistas na execução do teste.

A obra de Rorschach foi um fracasso editorial. A comunidade científica não se mostrou interessada, e a maior parte dos 1.200 livros publicados ainda estavam no depósito quando o autor faleceu. Somente quando mais tarde os direitos da obra foram comprados pelo editor Huber e os primeiros artigos começaram a ser publicados é que o teste passou a ganhar em respeitabilidade.

No entanto, seu autor estava morto e as pranchas publicadas não correspondiam àquelas que ele utilizara na coleta original de dados. Essa situação levou ao aparecimento de diversos novos sistemas de codificação e interpretação do teste, entre eles: os americanos Samuel J. Beck e John E. Exner Jr., o alemão Bruno Klopfer, o polonês Zygmunt Piotrowski e o húngaro David Rapaport.

No Brasil, o Rorschach foi inicialmente utilizado sob a influência de estudos europeus e norte-americanos, que focaram os trabalhos normativos desde 1930 em estudos infantis, adolescentes e adultos. Entre os diversos sistemas utilizados no Brasil, destacam-se os sistemas de Silveira, Klopfer, Exner, Francês e do R-PAS. Esses sistemas possuem uso no Brasil até os tempos atuais e podem ser aplicados em diferentes campos da psicologia jurídica, educacional, clínica e organizacional, entre outros.

MATERIAL

Dez pranchas do Rorschach, adquiridas no *site* https://www.valordoconhecimento.com.br/produto/rorschach-pranchas-importadas-86539alor, que são organizadas em ordem de I a X, viradas sobre a mesa: um cronômetro; duas folhas de localização; duas canetas de cores diferentes; várias folhas de resposta em branco (em média, 10 folhas). Organizado previamente pelo examinador.

CONDIÇÕES DE APLICAÇÃO

Na aplicação do Rorschach, deve-se levar em conta os problemas gerais do sujeito a ser avaliado, e, sempre que possível, propiciar motivação, para que o sujeito dê o suficiente número de respostas.

PROCEDIMENTO PARA APLICAÇÃO

1. CONTATO INICIAL – *RAPPORT*

Antes da aplicação propriamente dita, faz-se necessário o contato inicial denominado *rapport* entre o aplicador e o examinando.

O aplicador deve propiciar um ambiente e contato acolhedor, com o objetivo de diminuir a tensão inevitável frente à situação de prova.

Deve deixar claro para o examinando:

- Trata-se de uma prova que avalia traços de personalidade, e não só de inteligência.
- Pode ser aplicada em qualquer pessoa, idade, grau de escolaridade, nível cultural ou socioeconômico, sempre respeitando o sigilo e a ética em relação à sua finalidade.

2. COLETA DE DADOS

Na coleta de dados, sempre é importante obter dados do examinando: idade, data de nascimento, naturalidade, grau de escolaridade, curso e profissão.

Verificar, também, a saúde do examinando: se toma algum medicamento, qual, se faz uso de substâncias ilícitas e a frequência. Além de saber se o mesmo está sob efeito de alguma substância.

Indagar se o examinando está disposto no dia da prova, se dormiu bem e se está alimentado.

APLICAÇÃO PROPRIAMENTE DITA

ASSOCIAÇÃO

É a fase da associação e construção livre do examinando frente aos estímulos (pranchas) que lhe são apresentados.

"Vou lhe mostrar algumas manchas de tinta e gostaria que me dissesse o que vê nelas, ou com que essas manchas parecem para você. Não existe certo ou errado e nem uma só resposta, você pode ver mais coisas em uma mesma prancha. As manchas podem ser vistas em qualquer posição e eu vou anotar tudo o que disser. Anotarei o tempo também, mas não é para se preocupar, é mais para meu controle. Quando terminar de ver, você me devolve a prancha."

O aplicador deverá anotar a movimentação da prancha (posição normal ^, posição invertida V, virada para a direita >, virada para a esquerda <, quando dá um giro @. As expressões fisionômicas são importantes, bem como os Tempos de Reação Inicial e Total (TRI e TT), e a verbalização enquanto responde. Importante sempre estimular mais respostas.

Fazemos a **repassagem** quando houver **inibição** em 1 ou até 3 pranchas, mostrar novamente a mancha que não conseguiu ver nada. Também, quando o número do total de respostas for inferior a 15, repassar o teste todo. Ou quando ainda ocorrer **perseveração** acentuada, por exemplo, vê borboleta em todas as pranchas.

* Lembrando que o ideal para a aplicação da Prova do Rorschach é que seja feita em uma única sessão, mas, caso haja necessidade, devido à minuciosidade e à inibição, terminamos com o inquérito da prancha que foi respondida e seguimos em outra sessão a continuidade do mesmo.

INQUÉRITO

Terminada a fase de associação, inicia-se a fase do inquérito, quando serão reapresentadas todas as pranchas ao examinando, menos a rejeitada, e fazemos algumas perguntas.

Lê a anotação do que o examinando viu e pergunta: Onde viu? (MODALIDADE DA RESPOSTA), Como viu? (DETERMINANTE DA RESPOSTA), Como foi construindo estas imagens em sua mente?

Exemplos:

- O que na mancha te fez pensar em uma borboleta?
- Descreva melhor esta borboleta?.

No inquérito, é importante que o aplicador vá construindo hipóteses considerando:

- FORMA – quando utiliza o contorno das manchas.
- COR – quando considera as cores na construção da resposta.
- LUMINOSIDADE – quando considera as diferenças dos tons dentro da mancha.
- MOVIMENTO – quando o examinando projeta cinestesia na mancha.
- PERSPECTIVA – quando o examinando traz sensação de profundidade, planos diferentes de construção de resposta.

ENCERRAMENTO

Ao final da prancha X, proceder o encerramento de maneira tranquila e dando espaço para que o examinando expresse suas impressões e fale sobre a experiência vivida.

EXPLICAÇÃO DA CLASSIFICAÇÃO E INTERPRETAÇÃO DE FORMA SUCINTA

1. LOCALIZAÇÃO DAS RESPOSTAS = MODALIDADE (PERC G, P,P)

Denota o dinamismo normal da percepção, demonstrando que o examinando é capaz de perceber a mancha de modo amplo.

Indica o estilo perceptual do examinando, isto é, o modo como habitualmente distribui sua atenção na observação dos diferentes eventos do ambiente.

2. FATORES DETERMINANTES: SISTEMA CONATIVO

DETERMINANTE FORMAL (RF)

São as respostas que caracterizam as **Respostas de Forma** e mais frequentemente encontradas.

A forma é o aspecto mais importante do mundo visível, é o princípio ordenador do universo. A percepção da forma é uma função da consciência relacionada à adaptação da realidade, ela é mais frequente e a mais importante dos determinantes.

Pode ser construtiva quando dá ordem e estrutura os borrões, mas pode ser destrutiva quando é estereotipada, não permitindo a flexibilidade.

3. SISTEMA COGNITIVO

DETERMINANTE MOVIMENTO (RM)

As **Respostas de Movimento** são aquelas em que o sujeito atribui cinestesia às formas e às cores que constituem os cartões de Rorschach.

Essas respostas são de suma importância, e precisamos estar atentos no inquérito, pois é necessária uma movimentação visível, isto é, o examinando utiliza o próprio corpo para explicar tais respostas.

DETERMINANTE DE PERSPECTIVA (RPS)

As **Respostas de Perspectivas** implicam o uso do espaço na formação da imagem, três dimensões representam uma construção predominantemente intelectual, diferente das respostas que utilizam diferenças de tons, que marcam uma reação afetiva íntima.

SISTEMA AFETIVO-EMOCIONAL

DETERMINANTE CROMÁTICO (RC)

As **Respostas de Cor** podem ser inteiramente ou em parte determinadas pelos valores cromáticos dos borrões. A cor (vermelho, verde, azul ou amarelo) deve influenciar a percepção deste tipo de resposta. É preciso que seja cor, e não os tons acromáticos (branco, cinza e preto).

É possível, mas de forma rara, a ocorrência de não cor (nC), como determinante da resposta, por exemplo – aqui neste amarelo, vejo um patinho, tem o bico, o corpo, mas está dando resposta de forma.

As respostas cor (RC) genuínas vêm no formato de nomeação da cor, negação da cor, referência ao vermelho, comentários sobre as cores.

AVALIAÇÃO DO EQUILÍBRIO DAS FORÇAS SUBJETIVAS (EQ e EQ′)

O índice EQ traduz o tipo de vivência que é estabelecido com a realidade, o modo como o indivíduo tende a viver e reagir perante diferentes situações, em especial nos relacionamentos interpessoais.

Já o índice EQ′ aponta para tendências mais profundas ou latentes da personalidade, que podem ser desenvolvidas pelo examinando ou se tornar manifestas mediante determinadas condições e situações especiais.

A comparação entre os índices EQ e EQ′ nos revela se há harmonia ou não entre as reações afetivas (RC) subordinadas conscientemente às elaborações intelectuais (M), e as reações afetivas (RC) relacionadas com as tendências mais subjetivas e habitualmente não exteriorizadas (m e m′).

DETERMINANTE LUMINOSIDADE – L, C′, L OU L′

O determinante luminosidade, que são **respostas dadas ao efeito claro e escuro nas manchas, ou emprego das cores branca, preta e cinza**, traduz as reações particulares da esfera afetiva que podem se dar em graus diversos de objetividade. O L e C′ é o modo mais comum de a população média usar os tons monocromáticos, e a gradação da luminosidade é dando-lhe forma. O reconhecimento de experiências emocionais resultante da adaptação cultural é o exemplo do C′, enquanto a construção individual, a partir do estímulo afetivo, é o caso do L, no qual o trabalho psíquico será deduzir o significado oculto das situações.

4. CATEGORIZAÇÃO DAS IMAGENS

CONTEÚDO DAS RESPOSTAS – H, PH, A, PA, NA, AL ETC.

O conteúdo da resposta fornecida às manchas representa uma fase final do processo de percepção quando o sujeito categoriza sua imagem mental dentro de uma cadeia de significados adotada pela coletividade. O conteúdo denota a utilização da linguagem na comunicação. Para isso, precisamos analisar o percepto dentro de seu contexto, pois surgem dúvidas. Dessa forma, devemos consultar a tabela de categorias utilizadas para a classificação das respostas.

Para finalizar este capítulo, gostaríamos de ressaltar que a prova de Rorschach apresenta inúmeros informes, e que, se o examinador não tiver conhecimento e prática, poderá ser levado a uma análise errada ou deturpada do examinando.

Para isso, é necessário o discernimento entre tomada do protocolo, apuração de dados e interpretação do psicograma, aspectos que pressupõem conhecimento aprofundado e que somente um curso de especialização poderá oferecer.

Mais uma vez, indicamos a Sociedade Rorschach de São Paulo (https://www.rorschach.com.br/), que tem realizado cursos aprofundados sobre avaliação de personalidade, além de poder dar continuidade ao trabalho de sua mentora e profunda pesquisadora, Profa. Lúcia Maria Sálvia Coelho (*in memoriam*), de quem tive o prazer e o orgulho de ter sido aluna desde 1980.

REFERÊNCIAS

COELHO, L. M.S . **Epilepsia e Personalidade**. 1. ed. São Paulo: Ática, 1975.

COELHO, L .M. S. **Rorschach Clínico:** Manual Básico. São Paulo: Terceira Margem, 2002.

CAPÍTULO 8

TESTE PFISTER – O TESTE DAS PIRÂMIDES DE CORES – BREVE APANHADO

O Teste das Pirâmides de Cores – Pfister, aqui referenciado, terá **somente a parte da aplicação**, uma vez que a análise e a interpretação requerem um livro só para o assunto.

Vale ressaltar que os psicólogos que queiram aprender o Teste de Pfister devem fazer o curso de extensão, que dura quatro meses, e pode ser feito na Sociedade Rorschach de São Paulo (https://www.rorschach.com.br/).

HISTÓRICO

Em 1946, Max Pfister (Suíço, 1889-1958) criou o Teste das Pirâmides de Cores (TPC), mas sua maior repercussão aconteceu em um Congresso de Psicologia em Freiburg/Alemanha, em 1951. O autor apresentou o teste como trabalho voluntário no Instituto de Psicologia e Caracterologia. Pfister, na época, pedia para construir uma pirâmide com 24 quadradinhos coloridos e a interpretava. Em 1967 e 1968, graças aos trabalhos de Hoger, e Bosler, em 1969, sobre o relato da capacidade de escolher cores em bases experimentais sobre o índice de dominação, deram ao teste a sua forma atual, que é de construir três pirâmides.

Ao surgir esse teste, apareceram outros que usavam cores e obstáculos retratados, que provinham do conhecimento do fenômeno de que a esfera afetiva do indivíduo é abarcada em primeiro lugar pela impressão causada pelas cores e a sua reação a elas. As cores surgem como representantes dos sentimentos, dos afetos e dos principais sintomas afetivos.

Vale ressaltar que a esfera afetiva, quando comparada à intelectual, tem outra estrutura. Enquanto a esfera intelectual é subjugada ao desenvolvimento, isto é, mais móvel quando se trata da realização específica da inteligência, mas um fator constante da personalidade; o comportamento afetivo é caracterizado por meio de uma mobilidade e de uma variabilidade, que aparecem como um traço essencial. Chamada na vida diária de mudança de disposição e reação, que pode ir até a completa mudança de personalidade ou dinâmica afetiva que é o principal sinal da afetividade.

Dessa forma, assim como o teste de inteligência mede a inteligência, mas não a postula, temos atualmente um instrumento que mede a amplitude da oscilação, isto é: mede e determina a dinâmica afetiva, a mobilidade, a capacidade de mudança, a estabilidade e a labilidade, e a torna clara. Temos também a estrutura média normal dos afetos, da estrutura perturbada, e podemos, também, determinar suas transições.

OBJETIVO PRINCIPAL DO TESTE

Seu objetivo é evidenciar a estrutura emocional da personalidade.

É um indicador exato das alterações nos estados emocionais e disposição: se a situação emocional permanece invariável, se aumenta ou decresce; se a mudança abrange a área inteira ou só parte dela. Além disso, também registra a estabilidade e labilidade momentânea da estrutura da personalidade; indica também possíveis fatores de estabilização ou perturbação.

LIMITAÇÕES DO TESTE

Trata-se de uma prova simples, mas que não pode ser aplicada em crianças abaixo de 5 anos, bem como em indivíduos incapazes de reagir adequadamente aos estímulos oferecidos por sofrerem qualquer distúrbio de visão, ou por indivíduos com problemas relativos à atenção.

MATERIAL

O material do teste consta de quadradinhos coloridos de 2,5 cm com o padrão das pirâmides, em quantidade suficiente (mais ou menos 30 de cada tonalidade, perfazendo um total de 10 cores, constituídas em 24 tonalidades, que obedecem a uma escala, descritas no quadro abaixo). Temos também três cartelas, em cada uma impressa uma pirâmide, formada de 5 degraus de quadradinhos com 2,5 cm de lado, a outra, 3 para terminar com 2 e 1 vértice. Cada quadrado recebe uma denominação para facilitar sua identificação, assim:

Quadro 3 – Abreviações e Tonalidades

	Abreviação	Tonalidades
1. Vermelho	V	4
2. Verde	Vd	4
3. Azul	Az	4
4. Violeta	Vi	3
5. Amarelo	Am	2
6. Laranja	L ou Al	2
7. Marrom	M	2
8. Preto	P	1
9. Cinza	C	1
10. Branco	B	1
		24

Fonte: Elaborada pela autora, 2025.

INSTRUÇÕES PARA APLICAÇÃO DO TESTE

Os quadradinhos de cores são apresentados ao sujeito, misturados em uma caixa suficientemente rasa ou espalhados sobre a mesa diante dele.

Deve-se preferir luz natural ou luz adequada, para não dificultar os estímulos cromáticos.

Importante perguntar se a pessoa tem dificuldade em ver cores, ou certas cores, como no daltonismo.

CONSIGNA

"Você está vendo estes quadradinhos coloridos, e, de acordo com sua preferência, ocupe os quadrados deste modelo. Pode trocar, se desejar, os quadradinhos já colocados. Não precisa apressar-se: você dispõe de tempo à vontade para realizar a tarefa."

1. Anotar a cor e a respectiva tonalidade de acordo com as abreviaturas e o quadrinho em que for colocado. Tomar igualmente nota das observações que eventualmente o sujeito fizer.

2. Terminada a primeira pirâmide, pede-se ao indivíduo para construir outra. É preferível avisá-lo, nessa altura, de que fica uma terceira a ser construída.

3. No caso de muita demora na primeira, pode-se dizer-lhe que ainda restam duas outras, nas quais poderá satisfazer seus gostos.

4. Uma vez que o indivíduo se declare satisfeito com uma pirâmide, ocultamos a primeira para que construa a seguinte sem influência visual da anterior.

5. Uma vez pronta a última pirâmide, apresente as três e pergunte qual a ordem de preferência e a razão dessa preferência. Anotar o que disser.

6. Depois de o examinando ter completado as três pirâmides bonitas, peça para construir mais três pirâmides, mas agora as mais feias ou antipáticas que puder.

7. Completar o teste com um breve questionário: cores preferidas, cores antipáticas etc.

a. Por que prefere tal pirâmide: devido às cores ou à forma?

b. Por que gosta menos daquela?

c. Qual a cor preferida?

d. Por que a usou tão pouco (se for o caso) no teste?

e. Gosta de todos os seus matizes?

f. Quais as outras cores que lhe agradam?

g. Qual é a cor mais antipática?

h. Por que não lhe agrada?

i. Por que a utilizou no teste (se for o caso) se não gosta dela?

j. Há outras cores antipáticas?

k. Inquirir se todos os matizes da cor lhe são antipáticos ou igualmente antipáticos. A razão desta antipatia?

l. Informar o motivo das permutas. Interessa se feitas devido à cor ou para melhorar o conjunto, a forma?

m. Por que são feias estas pirâmides? Devido à forma ou à cor?

n. Houve, ultimamente, algo de particular em sua vida?

Pirâmides

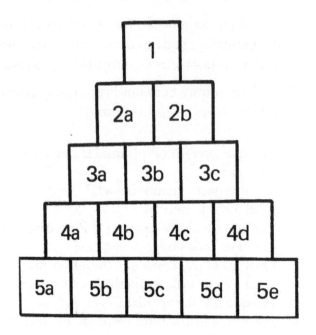

Fonte: Elaborada pela autora, 2025.

Trata-se de um TESTE PROJETIVO. A pessoa projeta-se:

a. Nas preferências cromáticas.
b. Na distribuição das tonalidades.
c. Na técnica de formação das pirâmides.

O emprego projeção foi aplicado por Freud em 1894, entendendo este termo um mecanismo de defesa ou ajustamento que consiste em atribuir a outras pessoas desejos, emoções, necessidades que o sujeito não quer ou não pode reconhecer como seus. Inconscientemente, o sujeito investe no outro estes desejos e sentimentos, distorcendo assim uma realidade exterior. Estudos realizados fizeram essa ideia modificar, trazendo a compreensão de que as projeções podem ser positivas e não só negativas.

Em suma, o comportamento do indivíduo é resultado de uma interação de personalidade e ambiente, passível de adaptação.

BREVE SIGNIFICADO PSICOLÓGICO DAS CORES

A seguir, faremos uma breve descrição do significado, da média das cores utilizadas no Pfister, bem como das síndromes que podem aparecer, mas lembrando que a tabulação e a análise devem ser aprendidas em um curso de extensão.

1. VERMELHO (V)

Na média, indica sensibilidade e abertura aos estímulos; reação imediata e pronta aos excitantes, ou respostas impulsivas se não controlada.

V1 – indica baixo limiar de excitabilidade, reações temperamentais de caráter infantil.

V2 – significação mais madura, a partir da 2ª infância, porém instável expressão positiva dos impulsos.

V3 – ligado à expressão estável de tendências extrovertidas.

V4 – indica uma lenta e ainda não controlada manifestação dos impulsos.

2. PRETO (P)

Escolher o preto é escolher a sombra, a escuridão aos estímulos.

Na média, é a cor reveladora da introversão, esfera interior sombria de conflitos não solucionados.

3. CINZA (C)

É a menos escolhida pelas pessoas, é a cor neutra, fria.

Na média, exprime atitude introvertida, situando-se entre o preto e o branco. Representa função neutralizadora, com enfraquecimento das necessidades e reações afetivas.

4. BRANCO (B)

Omitida pela maioria, devido ao baixo nível estimulante.

Na média, o branco é a cor do vazio interior, da carência afetiva, em consequência da fuga das situações que poderiam envolver o indivíduo afetiva e emocionalmente.

5. LARANJA (L)

Na média, significa alegria, charme e festividade. É a cor de uma entrega afetiva ao mundo. A escolha do L revela indivíduos de sensibilidade pronunciada e calorosa, com sentimentos moderados e assimiláveis.

L1 – indica sinal de expressão súbita da emotividade, denuncia a presença de traços de caráter dominador e impositivo.

L2 – indica sinal relacionado com expressão persistente e estável dos impulsos.

6. AMARELO (AM)

Na média, aponta para o lado da extroversão ativa, para a esfera menos instintiva e impulsiva comparada ao L. O Am é força, energia e atividade.

Am1 – indica modalidades de expressão e interação mais ativa com o ambiente e mais frequente nas mulheres.

Am2 – indica qualidades mais estáveis nas relações com o meio e mais frequente entre os homens.

7. VERDE (V)

Na média, indica os aspectos regulador e homeostático da emocionalidade. Revela a sensibilidade a estímulos internos e a habilidade de interiorizar experiências emocionais, portanto, os graus de empatia.

Vd1 – indica boa sensibilidade e relativa maturidade na elaboração de estímulos internos.

Vd2 – indica maturidade e ajustamento ao mundo externo.

Vd3 – indica sujeitos conscientes de si, realistas, e ajustamento do mundo externo.

Vd4 – indica perigo de opressão por estímulos internos.

8. MARROM (M)

Na média, indica vontade de persistir em certo estado emocional. Resiste a excitações novas e não habituais. Costuma permanecer em um estado afetivo e se opor às influências externas, inclusive à terapia, mas tem função estabilizadora, contrapondo-se ao Vi, cor da intranquilidade.

M1 – indica menos manobra de resistência, obstinação no comportamento, às vezes, agressivo.

M2 – indica disposição afetiva, às repressões, a intranquilidade, situações próximas a conflitos.

9. VIOLETA (VI)

Na média, essa cor denota introversão. Tem a função equilibradora secundária da afetividade. Caracterizada pela labilidade emocional não específica. É a cor da intranquilidade, produzida por artistas em geral, mas também presente em pessoas com questões de saúde mental.

Vi1 – indica presença extrapunitiva.

Vi2 – indica presença impunitiva.

Vi3 – indica presença intrapunitiva.

10. AZUL (AZ)

Na média, indica emotividade regulada e controlada. É a pessoa empática, que capta a mentalidade do outro, interesse pelo psiquismo próprio e alheio.

Az1 – indica disposição tranquila e serena.

Az2 – indica conservador, mas com possibilidade de mudança.

Az3 – indica conservador.

Az4 – indica conservador e repressivo.

COR E AFETIVIDADE

As cores vivas são possivelmente indício de vida afetiva estável, sem conflitos.

As tonalidades mais claras estão associadas à instabilidade afetiva. Já as mais escuras, segundo o aspecto de conjunto, indicam afetividade reprimida, mais fria ou até depressiva.

Quadro 4 – Cores introversivas e extrovertidas

Cores Introversivas	Cores Extrovertidas
1. Azul	1. Vermelho
2. Verde	2- Amarelo
3. Violeta	3- Laranja
4. Preto	4. Marrom
5. Cinza	5- Branco

Fonte: Elaborada pela autora, 2025.

SÍNDROMES

A síndrome é o agrupamento de duas ou mais cores que em seu conjunto recebem uma significação especial, além daquela que as cores componentes têm por si próprias.

1. SÍNDROME DA NORMALIDADE: AZ + V+ VD

É o indício da medida da capacidade reguladora do afeto, o controle normal, adaptativo e automático.

2. SÍNDROME ACROMÁTICA: P + B+ C

É o indício do refúgio no acromático de energias extroversivas excedentes ou mal orientadas.

3. SÍNDROME FRIA: AZ+ VD+ VI

É o indício de um temperamento refletido, introvertido.

4. SÍNDROME ESTIMULANTE: V+AM+L

É o indício de uma pessoa estimulante, extrovertida e que tem reações impulsivas.

5. SÍNDROME NÃO ESPETRAL: P+B+C+M

É o indício de desvio de uma situação estimuladora interna ou externa irremovível.

6. SÍNDROME DE PROPULSÃO: VD + M+ AM

É o indício do dinamismo que representa a ação – realização e produtividade.

7. SÍNDROME DE PERTURBAÇÃO (10 VEZES MAIS NAS CORES L, VI, M E B)

O indício está na excessiva preferência de uma determinada cor – 10 vezes mais – e nas seguintes cores: L, Vi, M e B. Se a pessoa for adulta, denota uma dificuldade no controle dos impulsos.

8. SÍNDROME FRENADORA: AZ+P+C

É o indício da capacidade inibitória.

9. SÍNDROME DE AMORTECIMENTO: VD + AZ+ P+ C

É o indício da inibição intensa da afetividade e da defesa contra estímulos.

10. SÍNDROME DE INTRA E EXTRAVERSÃO

É a síndrome apresentada do resultado da subtração da síndrome fria da síndrome de estimulação que indica intra ou extraversão.

Ao finalizar este capítulo, gostaríamos de ressaltar que o Teste de Pfister apresenta inúmeros informes, e se o examinador não tiver conhecimento e prática necessária, desde a aplicação e, em especial, a interpretação, poderá ser levado a uma análise errada ou deturpada do examinando.

Para evitar isso, é necessário o discernimento entre tomada do protocolo, apuração de dados e interpretação do psicograma, aspectos que pressupõem conhecimento aprofundado e que somente um curso de especialização poderá oferecer.

Mais uma vez, indicamos a Sociedade Rorschach de São Paulo (https://www.rorschach.com.br/), que tem realizado o curso do Teste de Pfister, para o conhecimento aprofundado sobre avaliação de personalidade.

REFERÊNCIAS

HEISS, R.; HALDER, P. **O Teste das Pirâmides de Cores**. São Paulo: Vetor, 1979.

JUSTO, H.; KOLCK, T. V. **O Teste das Pirâmides de Cores**. São Paulo: Vetor, 1976.

MARQUES, M. I. B. **O Teste das Pirâmides Coloridas de Max Pfister**. São Paulo: EDUC-EPU, 1988.

ANEXOS

Os anexos foram retirados de pesquisas de revistas científicas, Trabalho de Conclusão de curso (TCC) e Relatórios Clínicos (respeitando o sigilo do analisado) a seguir:

ANDRADE, Micheline de Almeida. **Procedimento Desenho-Estória (D-E).** Trabalho apresentado na IV Jornada de Psicanálise da Sociedade Psicanalítica de Fortaleza – SPFOR, Fortaleza, set. 2019.

BERTELLI, Sandra Maria Rizzolo Benevento. **Prova de Rorschach** – Relatório Clínico de uma clínica particular. 2019.

FRANCO, Renata da Rocha Campos. HTP. **Avaliação Psicológica**, Itatiba, v. 11, n. 3, jul./ set. 2012.

JESUS, Letícia Menezes de; ZACH, Victória; BERTELLI, Sandra Maria Rizzolo Benevento (Orientadora). **TAT** – TCC – Pesquisa Qualitativa. 2021. Trabalho de Conclusão de Curso (Graduação em Psicologia) – Universidade Municipal de São Caetano (USCS), São Caetano do Sul, 2021.

MELERO FILHO, Carlos Alberto Lopes. **O desenho livre na dificuldade de aprendi.** *Revista Amazônica*, [s.l.], v. XXV, n. 2, p. 579-588, jul./dez. 2020. ISSN 1983-3415. eISSN 2558-1441.

PICCOLI, Otávio Augusto. **Procedimento Desenho Família com Estória (DF-E)** – TCC – Pesquisa Qualitativa. 2022. Trabalho de Conclusão de Curso (Graduação em Psicologia) – Universidade Municipal de São Caetano (USCS), São Caetano do Sul, 2022.

RICCI, Edlaine Ferreira da Costa. **CAT** – Relatório Clínico de uma UBS. 2018

SALE, Orcélia; FREITAS, Valéria Del Nero de; JESUS, Aurystela Dhamblea Ferreira de. **Psicodiagnóstico infantil:** Relato de um caso. Revista Humanidades e Inovação, Palmas, v. 5, n. 7, 2018.

PESQUISA COM DESENHO LIVRE

O DESENHO LIVRE NA DIFICULDADE DE APRENDIZAGEM

Essa pesquisa realizada por Melero (2020), consistiu em analisar 20 desenhos livres de crianças de ambos os sexos, de quatro a 12 anos em período escolar, devidamente autorizados pelos pais, com queixa de dificuldade de aprendizagem.

Foram escolhidos oito aspectos para análise dos desenhos, dentre os 22 propostos por Van Kolck (1984) em função de seu suporte na compreensão dos casos, foram eles: Posição da folha, Localização na página, Qualidades do grafismo, Correções e retoques, Detalhes no uso da cor, Tema – isolamento ou integração, Tema – objetos ou formas desenhadas, Tema – categoria geral.

Como resultados tivemos:

a. Desenhar na horizontal é aproximadamente três vezes maior do que na vertical, que mostra segurança e comportamento emocional dos sujeitos (Van Kolck, 1984).
b. A linha grossa aparece em mais da metade dos protocolos mostrando energia e vitalidade e a não presença de ansiedade (Van Kolck, 1984).
c. O uso da cor não chamou atenção, foi bem distribuído entre todos os aspectos. (Van Kolck, 1984)
d. Foi reproduzido só um elemento e que destoa do esperado da idade cronológica, bem como a baixa incidência de desenhos bem elaborados, com 25% de todos analisados mostrando um bom nível de desenvoltura cognitiva. As abstrações técnicas mostram um sinal de importância para as características

intelectuais, mas não assegura seu desenvolvimento. (Van Kolck, 1984)

e. Os temas escolhidos pelas crianças em seus desenhos livres são distintos, sendo o da figura humana o mais comum dos aspectos específicos, corroborando com o que afirma Hammer (1982). Os desenhos dessas crianças têm mais aspectos saudáveis do que esperado, e a dificuldade é notada por colocarem só o necessário não indo além do que lhes foi solicitado.

f. Posição da folha, que representa o ambiente, a amostra denota 75% a posição foi horizontal e 25% na vertical indício de espírito curioso e cheio de iniciativa e possível oposição e negativismo.

g. Localização na página, que diz em qual lugar o sujeito se coloca, obteve-se como resultado 50%, na parte central da folha, caracterizando que as crianças avaliadas em sua maioria possuem comportamento adaptativo e autodirigido.

h. Qualidades do grafismo, que denotam dois extremos segundo Van Kolck (1984): emotividade, insegurança, falta de confiança em si e ansiedade; ou manifestação de energia, vitalidade, decisão e iniciativa, denotam que os 55% da amostra se adaptam ao meio e se esforçam para manter o equilíbrio da personalidade.

i. Correções e retoques, que podem expressar insatisfação geral e desejo de perfeccionismo, mas, por outro lado, adaptabilidade do sujeito, apresentam como resultado ausência em 95% dos sujeitos.

j. Detalhes no uso da cor, que, de acordo com Van Kolck (1984), é uma demonstração da vida emocional e afetiva, tiveram uso foi disperso entre diversos fatores. O que pode dizer sobre o jeito que a criança as coloca no mundo, que pode gerar uma adaptação positiva ou não tão positiva.

k. Isolamento ou integração, visto em 50% dos sujeitos, denotaram desenhos infantis da primeira infância, cuja dificuldade, desse grupo estudado de se expressar através do desenho é notada por colocarem somente uma quantidade de informações necessárias, não indo além do que lhes foi solicitado.

l. Objetos ou formas desenhadas foram encontrados em 30% temas variados, o que mostrou que apesar da liberdade, preferiram desenhar figuras humanas, o que mostra sua identificação corporal e autoimagem bem definidas (Van Kolck, 1984).

m. Categoria geral em abstrações técnicas, foi encontrado em 50%, denotando a importância dos fatores intelectuais na estruturação da personalidade. No entanto, não representa uma indicação segura de seu nível intelectual, revelando, dessa forma, a potencialidade cognitiva desse grupo de protocolos avaliados, mas, ao mesmo tempo, uma falta de desenvolvimento por parte do tipo do desenho, que não assegura o nível intelectual dessa criança. (Van Kolck, 1984).

REFERÊNCIAS

MELERO FILHO, Carlos Alberto Lopes. **O desenho livre na dificuldade de aprendizagem.** *Revista Amazônica*, [s.l.], v. XXV, n. 2, p. 579-588, jul./dez. 2020. ISSN 1983-3415. eISSN 2558-1441.

VAN KOLCK, E. **Interpretação psicológica de desenhos.** São Paulo: Livraria Pioneira Editora, 1981.

PESQUISA COM HTP

Esse estudo de caso foi realizado por Franco (2012), que consistiu analisar a expressão do mundo interno de um dependente de heroína, internado por seis meses em um centro de recuperação e tratamento na França. Foi usado o método fenômeno-estrutural, como referencial teórico para compreender as respostas dadas dos três testes aplicados, que foram: Teste Projetivo de Zulliger, Pirâmides Coloridas de Pfister e Casa-Árvore-Pessoa (HTP), realizados em dois momentos distintos, na primeira semana de internação e após seis meses de tratamento. Aqui, será abordado somente o HTP.

O participante do estudo de caso é do sexo masculino, classe média, tem 35 anos de idade, terminou o ensino fundamental com formação em marcenaria, mas desempregado há um ano, pois havia sido demitido.

O teste da casa-árvore-pessoa (HTP), proposto nessa versão, consistiu na realização de três desenhos sequenciais: uma casa, uma árvore e uma pessoa, os quais devem ser desenhados em folhas separadas, utilizando lápis e borracha e com inquérito acerca de características e descrições de cada desenho realizado. No desenho da casa, realizado na primeira semana de internação, valores emocionais que evitam o contato interpessoal, expressos na imagem por intermédio das grades pontudas que bloqueiam a entrada da casa. A cisão delimitada pelas grades, que separam e impedem a troca interpessoal, é ainda mais intensificada pela imagem da casa refletida no chão, que anuncia a presença do vazio e revela o pouco interesse ou habilidade que o participante tem em estabelecer trocas com o mundo externo. Assim sendo, o desenho da casa mostra que o participante prefere se manter isolado e protegido no seu mundo interno.

Figura 1 – Desenho da casa solicitado pelo HTP na primeira semana de internação

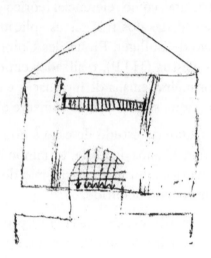

Fonte: Franco, 2012.

O segundo desenho, o da árvore, expressa vivências de ansiedade, representadas pelos traços tortuosos que geram cinestesia na imagem e que compõem a forma imprecisa da copa da árvore. No entanto, a ausência de raízes, frutos, folhas e flores, sinalizam o vazio e a abstração do desenho, típicos do mecanismo de corte. Assim, o mecanismo de corte, representado pela ausência, e o mecanismo de ligação, representado pela cinestesia dos traços sinuosos, se alternam de forma imprecisa e aleatória; os mecanismos de corte e ligação não são bem nítidos e também não funcionam de forma adaptada. A cinestesia não é acompanhada da presença de outros elementos sensoriais e os traços não são capazes de delimitar as fronteiras, como por exemplo, o fim do tronco e o começo da copa. Observa-se no desenho que nem o mecanismo de ligação e nem o mecanismo de corte conseguiram trazer uma harmonia na estética do desenho.

Figura 2 – Desenho da árvore solicitado pelo HTP na primeira semana de internação

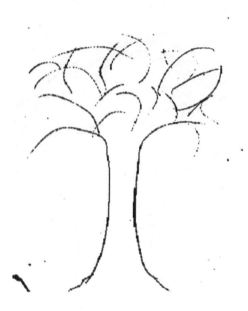

Fonte: Franco, 2012.

No terceiro desenho, o da pessoa, a presença do mecanismo de corte assume um papel importante e que mostra a cisão da pessoa com a própria imagem. A visão da imagem é parcial e apenas o rosto foi representado, sendo o resto do corpo totalmente ausente no desenho. Esteticamente, o desenho não é harmônico e revela certa tensão na expressão facial do personagem. A imagem de perfil; o corte na boca; o olhar de frente num rosto de lado e os cabelos descolados da cabeça expressam uma aparência paranoica, desconfiada e que interfere no contato mais próximo e adaptado com a realidade.

Figura 3 – Desenho da pessoa solicitado pelo HTP na primeira semana de internação

Fonte: Franco, 2012.

De forma geral, nos três desenhos, casa, árvore e pessoa, os traços foram finos, mal delimitados e mostraram a fragilidade das formas. Nos três desenhos houve pouca expressão de movimento, denotando uma racionalidade predominando sobre a sensorialidade. Isso é, o mecanismo de corte foi mais frequente.

Depois de seis meses de internação, os desenhos, quando comparados com os realizados na primeira semana de internação, mostraram-se diferentes e mais elaborados. Por outro lado, o desenho da casa continuou revelando a resistência para o contato interpessoal.

ANEXOS 159

Figura 4 – Desenho da casa solicitado pelo HTP depois de seis meses de internação

Fonte: Franco, 2012.

O desenho ficou mais elaborado, proporcional e definido, embora ele seja mais fortemente armado, protegido e defendido, parecendo uma casa-forte. O mecanismo de corte é mais eficaz para assumir um papel importante e eficaz na organização do desenho e que depois de seis meses de tratamento o mecanismo de corte é empregado de forma eficaz, não mais representado pelo espaço vazio, mas sim de organização do espaço.

Já no segundo desenho, da árvore, há maior ocupação do espaço, denotando ansiedade e insegurança.

Figura 5 – Desenho da árvore solicitado pelo HTP depois de seis meses de internação

Fonte: Franco, 2012.

A cinestesia é visível e registrada pela presença de traços mais sinuosos, que dão extensão, amplitude e maior definição ao desenho; existe a presença de raízes e de troncos ramificados, o que suscita um desenho mais integrado.

Já no terceiro desenho, o da pessoa, o mecanismo de corte se expressa na imagem, por meio de apenas um pedaço da figura humana, o rosto, o que denuncia a inconsistência formal da imagem. No entanto, o rosto reproduzido, após seis meses de tratamento, é expressivamente mais definido e esteticamente agradável.

Figura 6 – Desenho de pessoa solicitado pelo HTP depois de seis meses de internação

Fonte: Franco, 2012.

O desenho tem proporção adequada, tem vitalidade e é rico em detalhes. A expressão do rosto mais sereno pode ser traduzida como um sinal positivo da evolução do tratamento do participante.

Nesse estudo, o que pudemos observar, foi que a avaliação obtida pelo teste e reteste foi um dado bastante importante para compreender a personalidade do participante e a lógica de seu funcionamento mental e propiciar futuro tratamento.

Obs.: os desenhos acima utilizados foram retirados da pesquisa com estudo de caso apresentada em revista Científica – Pepsic – Aval. psicol. vol.11 n° 3 Itatiba jul./set. 2012 Renata da Rocha Campos Franco – Institut Catholique de Toulouse (l'ICT), 2012.

REFERÊNCIAS

FRANCO, R. R. C. Estudo de caso. **Avaliação Psicológica.** Itatiba, v. 11, n. 3, jul./set. 2012.

BUCK, J. N. **H-T-P:** casa-árvore-pessoa, técnica projetiva de desenho: guia de interpretação. 2. ed. São Paulo: Vetor, 2009. Tradução de Renato Cury Tardivo. Revisão de Irai Cristina Boccato Alves.

VILLEMOR-AMARAL, A. E.; WERLANG, B. S. G. (Org.). **Atualizações em Métodos Projetivos para Avaliação Psicológica.** São Paulo: Casa do Psicólogo, 2008.

PESQUISA COM PROCEDIMENTO DESENHO-ESTÓRIA

CASO CLÍNICO DO PROCEDIMENTO DESENHO-ESTÓRIA (D-E)

O caso clínico, a seguir, foi realizado por Andrade (2019) com um menino de 7 anos, filho adotivo, de pais separados, cuja queixa principal era de ser agressivo, perdia controle, pois não aceitava perder, especialmente na escola, durante a aula de recreação. Apresentava , também, falta de concentração nas atividades escolares e dificuldade de aprendizagem. Sentia muito ciúmes da mãe, do irmão e falta do pai. Com pessoas estranhas, era desconfiado, resistia ao contato. Na escola era "rotulado" de ser um menino agressivo.

As primeiras impressões afetivas no atendimento da psicóloga, durante o atendimento a essa criança de 7 anos, eram de um menino muito inteligente, com excelente memória, afetivo, meigo, simpático. À primeira vista, a psicóloga não sentia essa agressividade comunicada na queixa da mãe.

PROCEDIMENTO DE D-E: JONAS – 7 ANOS.

1º desenho intitulado "O Gato Massamê e a Fada Missimê", conta a estória de um gato amarelo e rajado. Falou que era um livro que a mãe tinha comprado, mas ainda não leu. Ele , o gato, era abandonado e ninguém sabia que o nome dele era Massamê. Encontrou uma flor vermelha, tudo era vermelho. Aí ele foi atropelado por uma ambulância, aí ficou no colo da Luíza e ela chamou a fada Missimê. Eles tiveram filhinhos. Luíza é uma menina que não tinha nenhum animal e ela encontrou um gato na rua e ela levou para criar. Aí ela depois perdeu o gato.

O Gato Massamê e a Fada Missimê

Fonte: Andrade (2019).

A análise desse 1º D-E – denota o conflito mais defensivo, bem como é possível observar o registro inconsciente do abandono e da adoção, porém não sabia da sua história. A agressividade e o descontrole emocional ficaram claros quando fala que foi "atropelado" e suas relações afetivas precisavam ser cuidadas. O medo do abandono novamente aparece quando a menina que o encontrou o perde. A fada Missimê é a ajuda terapêutica que a mãe buscou.

Fonte: Andrade (2019).

2º desenho intitulado "Maria Sapeba": Fala que é outro livro, que é a estória de um peixe e ele está no mar. Ele não vive sozinho, ele vive com os índios. Os índios não são nada dele. Não sei mais. Maria Sapeba é o nome do peixe. A mãe de Jesus vai à praia e vê a Maria Sapeba e ela (o peixe) resmunga três vezes e aí ela (mãe de Jesus) vai embora depois que ele reclama. Aí os anjinhos fazem o peixe mais gostoso do mundo, mas ele ainda fica vivo.

Análise 2º D-E – aqui denota-se o conflito menos defensivo, aborda novamente sobre a adoção quando o peixe não vive sozinho, mas com os índios que não são nada dele. Não sabe o que pensar sobre isso. Depois aparece o medo de ser novamente abandonado, e que o peixe resmunga três vezes, mas mesmo estando "frito" em relação ao mau comportamento na escola, ele ainda fica vivo.

3º desenho, intitulado "O Computador": É um computador. Ele está na minha casa. É de todo mundo. Ele é bonito e branco. Não aconteceu nada com ele; está como sempre, do mesmo jeito. Ele gosta de entrar nos sites. Eu não sei fazer computadores.

Fonte: Andrade (2019).

Análise 3º D-E – representa o núcleo do conflito: penso que o computador seja ao mesmo tempo a mãe (que é de todo mundo inclusive do irmão), o irmão também (que está em casa do mesmo jeito), não acontece nada com ele, está sempre tranquilo e querido.

4º desenho, intitulado "A Borracha e o Computador": A borracha é bonita como sempre. Nada de diferente, que nem o computador. Não são nada parecidos. O que ela gosta mais de fazer é apagar coisas, grafite. A borracha apagou o desenho do computador. O desenho de um

Fonte: Andrade (2019).

livro. Esse livro era de um gato. O computador ficou furioso. A borracha nunca mais fez isso.

Análise 4º D-E – representa a solução dos conflitos, de não brigar mais com a mãe e o irmão. O que ele mais gostaria é de fazer as pazes com ele mesmo e com as pessoas que ele esteve metido em confusões; além de conseguir resolver na sua mente a estória da adoção.

Fonte: Andrade (2019).

5º desenho, intitulado "O apontador e o Lápis": O apontador quebrou a ponta do lápis. O lápis ficou furioso. Aí o apontador nunca mais fez aquilo. O apontador mudou de ideia: não quebrar mais as coisas dos outros, porque ele não gosta de fazer isso. Aí eles ficaram amigos e nunca mais brigaram. O apontador ficou com raiva e ele não conseguiu se controlar e aí quebrou a ponta do lápis. Às vezes, ele fica com muita raiva quando alguém fica implicando com ele. Quando ele fica com pouca raiva, ele se controla.

Análise 5º D-E – apresentou aqui um bom prognóstico, porque além de ter esperança em controlar seus impulsos destrutivos, não gosta de ser assim. Há um desejo de mudança, o apontador e o lápis ficaram amigos e ele solucionou os problemas para sempre

Conclusão – a criação do procedimento Desenhos-Estórias, por Walter Trinca, propiciou a ampliação do trabalho de avaliação clínica psicanalítica. O D-E é um recurso que ajuda bastante, no processo de avaliação, a identificar fantasias e conflitos presentes no mundo interno do paciente naquele momento específico.

REFERÊNCIAS

ANDRADE, A. A. Procedimento de Desenhos-Estórias na Avaliação Clínica Psicanalítica. *In:* **IV JORNADA DE PSICANÁLISE DA SOCIEDADE PSICANALÍTICA DE FORTALEZA** – SPFOR, 2019, Fortaleza. Trabalho apresentado em setembro de 2019.

PESQUISA COM DESENHO FAMÍLIA COM ESTÓRIA

CASO CLÍNICO DO PROCEDIMENTO DESENHO FAMÍLIA COM ESTÓRIA (DF-E)
NOVOS NÚCLEOS FAMILIARES: UMA VISÃO ANALÍTICA DO DESENVOLVIMENTO PSICOSSOCIAL DO JOVEM ADULTO

Otávio Augusto Piccoli

Sandra Benevento Bertelli

CAAE: 65578222.2.0000.5510

RESUMO:

Atualmente existe uma gama diversificada de grupos e configurações familiares que não se encaixam em uma padronização imposta pela Constituição Federal do Brasil, dentro do artigo 226 (Constituição, 1988). O presente trabalho, refere-se a uma pesquisa qualitativa, cujo objetivo foi de analisar e comparar as possíveis mudanças psicossociais em jovens adultos que tiveram sua constituição familiar fora do comum, entendendo "comum" ou "tradicional" como aquela família formada por um pai; sendo este homem cisgênero e heterossexual, e uma mãe, sendo esta uma mulher também cisgênero e heterossexual, e como forma de união a civil, religiosa ou união estável. Esse formato familiar não depende de um ente progenitor de um filho; mas caso haja uma criança envolvida nessa relação familiar, o núcleo familiar comum pode ser considerado como apenas o pai e filho ou apenas a mãe e filho. A pesquisa foi construída em torno de relatos de entrevistados que vivem ou viveram em qualquer núcleo familiar fora do tradicional, descrito anteriormente, e aplicação de dois testes projetivos, procedimento desenho estória e família (DF-E) e desenho livre, que foi a base para discutir sobre o tema e relacioná-los aos complexos descritos por Carl Jung, mais especificamente, o complexo ligado ao arquétipo persona, e conhecer as possíveis alterações nas relações psicossociais de jovens, que estiveram nestas configurações familiares, não tradicionais, em comparação com aqueles que estiveram dentro dos tradicionais.

Palavras-chave: Complexos. Configurações-Familiares. Núcleos-Familiares. Persona.

MATERIAL E MÉTODO

Os participantes da pesquisa foram jovens adultos entre 20 a 28 anos, desconsiderando gênero, que foram criados por grupos familiares distintos do tradicional. Eles responderam a um questionário estruturado para levantamento sociodemográfico e, posteriormente, tivessem a possibilidade de participar de uma entrevista semiestruturada e de dois testes projetivos, de forma presencial dentro da Universidade Municipal de São Caetano do Sul (USCS).

Esses participantes foram selecionados via *Google Forms,* em que a pessoa disponibilizava seu e-mail, nome completo, idade, um telefone ou celular para contato, o estado e a cidade onde residia, gênero ao qual se identificava, como era o núcleo familiar que convive ou conviveu, qual era a percepção desse núcleo (tradicional ou não), se possuía algum tipo de psicopatologia, se conhecia os testes projetivos e suas utilidades, se já havia participado de algum e se havia interesse e possibilidade de participar das etapas seguintes que seriam a entrevista oral semiestruturada e da aplicação do procedimento Desenho de Família com Estória (DF-E) e o teste desenho livre, em que será feita a análise segundo Walter Trinca (1976) e Odette Lourenção Van Kolck (1968).

Esse questionário foi divulgado em diversas redes sociais, tendo em vista o maior alcance possível de interessados pelo tema; totalizando 33 (trinta e três) respostas até o dia 03/04/2023. Ao finalizar o questionário, o participante pode declarar interesse em participar das demais etapas, descritas anteriormente. Assim, cinco participantes foram selecionados, dentro dos critérios descritos, sendo que aqueles que não participaram da entrevista, ou não possuíam interesse ou não se encaixavam nos requisitos para classificação foram excluídos da seleção.

O desenho livre é um teste projetivo no qual o participante realizou um desenho sem que o aplicador dispusesse de um tema produzindo o conteúdo que desejasse. Com base nesse desenho e na sua descrição de forma falada, foi feita uma análise do material que disponibilizou características da personalidade do participante, da visão de si e do mundo do sujeito, demonstrando aspectos de sua personalidade relacionados, ou não, ao complexo de persona.

Já o procedimento Desenho de Família com Estória (DF-E) é uma técnica em que o participante foi convidado a desenhar uma série de quatro famílias e, a partir de cada desenho, pediu-se para ele contar uma história para cada um. Posteriormente, analisou-se cada história, bem como o próprio desenho. É uma técnica expressiva que visou explorar a forma como o participante se localiza em seu ambiente familiar e as formas de expressão dentro de suas relações familiares e sociais.

A entrevista foi estruturada da seguinte forma: inicia-se a entrevista com quatro perguntas como rapport, criando uma ligação entre pesquisador e entrevistado. Questiona-se então como foi constituído o núcleo familiar na infância da pessoa entrevistada, como sente que foi seu desenvolvimento psíquico e social por conta desse núcleo familiar e quais aspectos, dentre os conteúdos de criatividade e lógica, que conseguia perceber em seu cotidiano. Após as perguntas inicia-se a aplicação dos testes, sendo o Desenho de Família com Estória (DF-E) o primeiro e o Desenho Livre por último.

Ao findar dos desenhos a entrevista seguiu com mais quatro perguntas para complementar os conteúdos dispostos durante os testes, tendo como perguntas norteadoras: como o entrevistado se sentiu após realizar os desenhos? Dentre os desenhos realizados quais foram seus preferidos? Quais deles lhe trouxeram algum incômodo e se ele sentia que ser criado dentro deste núcleo familiar trazia-lhe algum impacto psicossocial, se "sim" quais eram eles e se "não" por que não?

O sigilo de dados também foi garantido durante todas as partes da pesquisa, tanto no questionário online quanto na entrevista presencial e nos testes projetivos que foram aplicados. Todos os dados foram analisados pelo responsável pela pesquisa e estão guardados apenas por ela para garantir o sigilo e confidencialidade das informações, o mesmo trabalho foi submetido ao Comitê de Ética com Seres Humanos da USCS com aprovação do mesmo, possuindo o CAAE: 65578222.2.0000.5510.

Para tal, a análise dos desenhos, como dito anteriormente, ocorreram da seguinte forma, o procedimento do desenho de família com estória (DF-E) teve como base Walter Trinca (2020) e foi analisado o contexto familiar em que o entrevistado foi inserido, sua estrutura e funcionamento, bem como a dinâmica das relações entre seus membros. Essa análise permite compreender questões relacionadas à estrutura familiar, como a hierarquia, a coesão, a flexibilidade, a presença ou ausência de limites e papéis familiares. Além disso, o teste pode indicar possíveis conflitos, questões não resolvidas, níveis de comunicação e afetividade entre os membros da família.

Já o teste de Desenho Livre tem como base a análise descrita por Odette Lourenção Van Kolck (1968) focado na localização do desenho, pressão exercida no lápis, caracterização do tracejado, detalhes, movimentos, tamanho, uso da borracha e a forma como desenhou. Ele tem como objetivo a análise e percepção acerca de possíveis características psicossociais ou psicopatológicas. Sem que haja uma classificação do mesmo afirmando qualquer tipo de diagnóstico, até porque o objetivo do trabalho não foi, de forma alguma, produzir um laudo que enquadre os entrevistados em qualquer tipo de patologia, mas sim entender quais características psicológica ou sociais podem sofrer algum tipo de alteração por conta do contexto familiar que está inserido.

Por fim, a Análise de Conteúdo obtidos durante as entrevistas orais teve como base Laurence Bardin que tem como objetivo compreender as temáticas relevantes levantadas pelos entrevistados e categorizá-los para que possa demonstrar a significação dos conteúdos inconscientes trazidos por eles (Bardin, 1977). Então as falas foram divididas em três partes, a temática acerca da resposta obtida, a categoria em que esses temas se encaixam, podendo ter mais de um dentro de cada categoria e, por fim, a análise e interpretação para identificar padrões e significados que possam ser omitidos inconscientemente. Por conta do sigilo, não houve a etapa de verificação dos conteúdos (Mendes; Miskulin, 2017), na qual seria feita a discussão com outros profissionais da psicologia, para que fosse garantido o bem estar dos entrevistados.

RESULTADOS E DISCUSSÃO

Dessa forma, para fins de compreensão e análise de dados, foi definido como normalidade as pessoas que não possuem nenhum tipo de psicopatologia ou possuem apenas o Transtorno

Generalizado de Ansiedade (TAG) que compõem 66,7% dos participantes, houve também outros 33,3% que ou não responderam esta parte do questionário, ou responderam apenas com "sim", sem especificar a psicopatologia, ou possuem outro tipo de transtorno que não se repetiu.

Gráfico 1 – Possui alguma psicopatologia? Se "sim", qual?

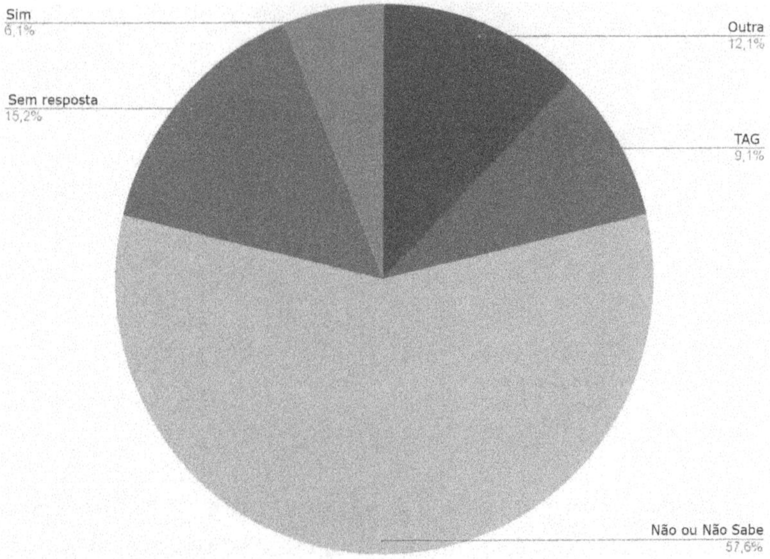

Sim 6,1%
Outra 12,1%
Sem resposta 15,2%
TAG 9,1%
Não ou Não Sabe 57,6%

Fonte: Elaborada pela autora, 2025.

Totalizando, então, dos trinta e três participantes, apenas cinco se enquadraram nos requisitos para participar das entrevistas orais e aplicação dos testes projetivos; dentre os participantes do questionário sociodemográfico, trinta e um residiam no estado de São Paulo e outras duas moravam fora dele, impossibilitando a participação presencial para a segunda etapa da pesquisa. Da mesma forma, os participantes do estado de São Paulo que se situam em cidades distantes da USCS também não possuíam disponibilidade para participar dos encontros presenciais, assim foi entendido que apenas os participantes da cidade de São Paulo e região do ABCD estavam dispostos e preenchiam os requisitos para participar da segunda etapa.

Gráfico 2 – Cidade onde reside

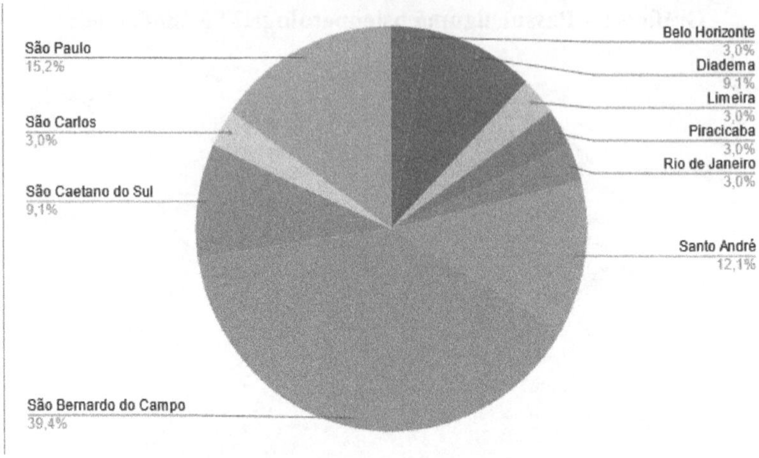

São Paulo — 15,2%
São Carlos — 3,0%
São Caetano do Sul — 9,1%
São Bernardo do Campo — 39,4%
Belo Horizonte — 3,0%
Diadema — 9,1%
Limeira — 3,0%
Piracicaba — 3,0%
Rio de Janeiro — 3,0%
Santo André — 12,1%

Fonte: Elaborada pela autora, 2025.

Para garantir o sigilo e o bem estar dos participantes, o nome real não será disponibilizado, como dito anteriormente na metodologia. Assim, os nomes foram substituídos por letras aleatórias na seguinte ordem: J, F, U, S e H. J foi criada apenas pela irmã, F, pelos seus avós, U e S, também pelos avós, S, pelos tios e H, pela mãe bissexual; esse entendimento mostra-se importante a partir do momento que todas as configurações familiares não se encaixam no núcleo familiar tradicional, passando assim para a segunda etapa da pesquisa como descrito no tópico 8 "Gráficos" no subtópico 8.1 "Como é sua formação familiar".

Primeiras perguntas norteadoras

Aplicação: Após o questionário sociodemográfico e seleção dos participantes foi agendado o dia e horário para as entrevistas presenciais, na qual inicialmente foi passado ao participante que a entrevista seria gravada apenas para a descrição dos diálogos e que o áudio seria excluído após a finalização da transcrição e após o aceite do entrevistado, seguimos com as quatro primeiras perguntas. Sendo a primeira "Como foi constituída sua configuração familiar?" e assim obtivemos as respostas, de forma resumida, como apresentamos a seguir:

Quadro 1 – Como foi constituída sua configuração familiar

J	F	U	S	H
Eu, a minha irmã	Meu pai abandonou e minha mãe me deu para meus avós criarem	Fui criado pelos meu avós	Fui criado pelos meus tios	Ffui criada pela minha mãe

Fonte: Elaborada pela autora, 2025.

E assim sucessivamente para as seguintes perguntas: "Como sente que foi seu desenvolvimento psíquico por conta dessa configuração familiar?", "E seu desenvolvimento social?" e "Quais aspectos, dentre os conteúdos de criatividade e lógica, consegue perceber em seu cotidiano?", recebendo as seguintes respostas, também de forma resumida, na ordem consecutiva de perguntas.

Quadro 2 – Perguntas norteadoras

J	F	U	S	H
"Quando eu era mais nova, foi bem afetada. Então todos os ensinamentos entre aspas, que eu tive foi minha irmã que me deu."	"Sequelado. Porque minha vó queria me criar muito na regra e queria ser minha mãe."	"Não me senti solitário nem nada do tipo, acho que os fatores psicológicos foram bem tranquilos."	"Ah, eu sempre achei que eu era um pouco deixado de canto."	"Meu pai até os 5 anos, né? Me trouxe insegurança em criar novos laços."
"Não, meu desenvolvimento social não."	"Foi bom, porque ela deixava a gente sair pra rua, pra feira, pra cliente com um monte de coisa."	"Nunca tive nenhum problema em fazer amizades nem nada do tipo."	"Tenho um pouco de dificuldade pra fazer novas amizades e conhecer novas pessoas."	"Acho que foi normal, eu sempre tive amigas na escola, na faculdade e no trabalho."
"Tipo meu trabalho, meu trabalho precisa."	"Minha profissão, ser professor. Eu preciso trabalhar com criatividade, eu trabalho com crianças, então crianças, adultos, eu preciso ter criatividade na hora de ensinar."	"Quando vou brincar de fazer música, desenhava quando era mais novo. e lógica no termo de trabalho que eu tenho que desenhar a solução dos problemas de lógica dentro da programação."	"Muito da música, muito frequente pra desenvolver criatividade, me distrair, passar e me conectar com a natureza."	"Eu trabalho em escola, né, então tive que aprender vários tipos de brincadeiras, músicas e formas de ensinar o básico."

Fonte: Elaborada pela autora, 2025.

Assim, a partir das respostas obtidas, foi analisado os diálogos para selecionar as temáticas recorrentes entre todos os participantes, categorizá-los e construir, então, a significação dos conteúdos inconscientes que dispuseram em suas respostas, para isso, foi utilizada a análise de conteúdo (Bardin, 1977) obtendo o seguinte resultado:

Quadro 3 – Análise de conteúdo

Temas Recorrentes	Categoria	Significação
Configuração Familiar não Tradicional	Família	Em primeira instância, a configuração familiar interfere diretamente no desenvolvimento psíquico do jovem.
Psicopatologias	Psicossocial	O desenvolvimento social também demonstrou-se afetado por conta da configuração familiar, porém não afetando o desenvolvimento cognitivo.
Desenvolvimento social	Psicossocial	
Lógica e criatividade	Trabalho e Lazer	

Fonte: Elaborada pela autora, 2025.

Aqui foi analisada as principais respostas que se relacionam entre si, ou seja, aquelas que se repetem ou são próximas o suficiente para serem consideradas como semelhantes. Para cada pergunta, a pessoa respondeu acerca do seu passado familiar e o reconhecimentos dos benefícios ou malefícios por conviverem dentro de núcleos familiares fora do tradicional.

Todos confirmaram que participaram ou ainda participam de configurações familiares não tradicionais e logo em seguida relataram o dinamismo que ocorre dentro delas, podendo considerar que o desenvolvimento psíquico, em suma maioria, esteve relacionada a alguma psicopatologia ou então ao acúmulo de carga emocional psíquicas que não demonstraram benefícios a saúde mental dos entrevistados, segundo a própria visão do participante. Em contraponto, o desenvolvimento social manteve-se em normalidade nessa primeira parte da entrevista, compreendendo-se, então, que a temática de configuração familiar não está relacionada diretamente ao social, já que, em seus relatos, dispõem de interações extrafamiliares, dentro de escolas, esportes ou em locais comuns a todos como a rua ou mercados.

Os aspectos sociais estão diretamente ligados aos exercícios e papéis que possuem em seus cotidianos, como o trabalho, estudos ou atividades extracurriculares descritos por eles quando questionados sobre estímulos externos desenvolvidos acerca da criatividade e lógica que possuem no dia a dia.

Análise dos desenhos produzidos.

Aplicação: As histórias que cada um possui acerca dos desenhos produzidos não demonstram tantas similaridades, já que cada um possui experiências diferentes. Demonstraram a necessidade particular e pessoal acerca de aspectos da vida que necessitam de um olhar aprofundado para interpretação e assimilação dos conteúdos que trazem sofrimentos psíquicos para cada entrevistado.

Aplicação: As produções que se assemelhavam foram aquelas acerca da família ideal, em que, em suma maioria novamente, criaram famílias nucleares tradicionais, contendo um homem e uma mulher como casal e um filho ou uma filha, mostrando que ainda existe uma visão estática acerca da família e a busca por ela. Mesmo que eles não participassem desse modelo de família, tomaram como exemplo que do modo tradicional é o correto a ser seguido, isso decorre, muitas vezes, por conta da visão que a sociedade possui daquilo que é certo como família e o que é errado e que consequentemente traz sofrimentos psíquico para aqueles que não se enquadram no que imposto como correto. Assim, a busca para sair desse sofrimento ou até mesmo não produzir esse sofrimento para seus sucessores, há a reluta em aceitar ou compreender que não existe um modelo fixo de família.

Dessa forma, o Sujeito J dentro do desenho de família com estória (DF-E) em sua primeira produção, visto no anexo de tópico *7.1.1 Desenhe uma família qualquer*, colocou-se como provedora, na direção da construção de uma família. Simbolicamente ainda em construção, em gestação, mas com certa maturidade para gerir a sua própria família. Podemos entender que, apesar de sua família de origem ter sido ela e a irmã, tem possibilidades de construção de uma família do ponto de vista tradicional (Trinca, 2020). Em sua segunda produção, perseverou no tema da construção de sua família, agora já com o filho e um cachorro. Estabeleceu uma equiparação entre o ideal e o real, sendo ela própria a realização do ideal familiar (Trinca, 2020). Para o terceiro desenho, pela primeira vez, J consegue demonstrar os sentimentos no desenho/estória. Literalmente projetou, vindo de seus pais, da consequência que vivenciou, o negativo, o ruim; algo, segundo seu discurso, imposto pela igreja, sem maturidade e que a afetou. Ao projetar para fora esses sentimentos negativos, garante, dessa forma, a cisão de ficar com o que é positivo. Por fim, em seu último desenho do DF-E, traz de volta ela e a irmã, denotando o cotidiano de sua família, embora fale de seu cunhado, não é o que considera. O elo fortalecido das duas irmãs acusa a necessidade de ter esse afeto como primordial na construção da família (Trinca, 2020).

Assim, em seu Desenho Livre, traz um pôr de sol e uma ilha. Desenho posicionado no meio da folha, utilizando amarelo e azul. Denota passividade, obediência, tendência à sublimação; transforma as dificuldades em experiências boas, mas ainda permanece a dependência emocional, associada à irmã (Kolck, 1968). Como o Desenho livre foi no final, do DF-E, podemos perceber que a experiência do desenhar as famílias solicitadas, conforme a demanda do teste DF-E, a fez reviver emocionalmente e afetivamente seu passado e presente. Trouxe literalmente na seguinte fala *"Pensativa. Porque parece que eu fiz uma sequência, do tipo de coisas que eu não queria, não quero pro meu futuro numa família e o que eu quero, assim."* Mas essas experiências denotam um bom prognóstico com relação ao futuro (Kolck, 1968).

Dentro da análise do sujeito F, em seu primeiro desenho no teste projetivo de DF-E, visto no anexo de tópico *7.2.1 Desenhe uma família qualquer*, colocou-se ambivalente em relação ser pai ou não, mas na condição de momentos felizes.

Podemos traduzir, que apesar de sua família de origem ter sido os avós, denota um início de construção de uma família do ponto de vista tradicional (Trinca, 2020). Já em seu segundo desenho, trouxe a construção de sua família ampliada, agora já com pai, mãe, filhos e tias, demonstrando confusão entre ideal e o real, sendo ele próprio a realização e foco do ideal familiar. Em sua terceira produção, consegue demonstrar os sentimentos de amor e cuidados no desenho e em sua estória, por conta do envelhecimento dos avós e das doenças que seu avô possuía, projetou neles o cuidado que teve e que pode introjetar na relação com o outro (Trinca, 2020). Assim, em seu último desenho no DF-E, F traz uma família muito ampliada, além de pai, mãe e filhos, traz pessoas amigas de convívio e os bichos de estimação. Provavelmente a dificuldade do entendimento do abandono por parte dos pais, trouxe um vazio que necessita ser preenchido (Trinca, 2020).

Em seu Desenho Livre, traz vários desenhos aleatórios. Denota uma mente desorganizada, necessitando de organização, como a família real. Não consegue entender o espaço para cada pessoa, coisa ou vivência. No DF-E se deparou com isso, bem como no desenho livre. Essas interpretações de seus desenhos denotam uma necessidade de psicoterapia para organizar e desenvolver internamente (Kolck, 1968).

O sujeito U, em seu primeiro desenho do teste de DF-E, disponibilizado no anexo *7.3.1 Desenhe uma família qualquer*, colocou uma família caracterizada socialmente e amplamente divulgada em televisores (TV). Não foi a que participou, mas a configuração de família que possui em sua ideia de normativa perante a sociedade, é aquilo que foi colocado para ele nos meios de comunicação. Na qual o pai trabalha, a mãe permanece em casa e cuida dos filhos e tem um animal de estimação. Ou seja, configuração de uma família convencional (Trinca, 2020).

Em seu segundo desenho, U perseverou no tema da construção da família tradicional, agora com pai e mãe trabalhando fora, mas ainda com filhos e um cachorro. U estabeleceu uma equiparação das figuras parentais mais modernas, sendo ele próprio com sua esposa a realização do ideal familiar. Já em sua terceira produção, projetou em seu desenho a vivência do negativo, o entendimento de ruim, separado de sua responsabilidade. Delega para os outros o cuidar, por uma pessoa que não faz parte do papel familiar, ou seja o médico representado em seu desenho. Mas pela primeira vez traz sentimentos, de ficar triste, perdido compartilhado pelo pai e filho (Trinca, 2020). Assim, em seu último desenho do DF-E, coloca sua real família, contendo seu avô e avó, tia, sobrinha e pet, denotando o cotidiano de sua família e os relacionamentos entre eles.

Em seu Desenho Livre, traz uma produção que tinha o costume de fazer quando criança, os carros, indicando, provavelmente, mostrou a necessidade de voltar à infância em que não tinha que se preocupar com nada, e não ter consciência ou responsabilidade; uma forma de fuga da realidade (Kolck, 1968). Como o Desenho Livre foi no final do DF-E, podemos perceber que a experiência de desenhar as famílias solicitadas, conforme a demanda do teste DF-E, o fez pensar na própria estória familiar e se haver com a não conformidade com outras famílias. Enxerga como uma dificuldade de entendimento e de identificação. Os carros se enfrentando é interpretado como as diferenças no relacionar com outros que vieram de famílias tradicionais. Trouxe literalmente na seguinte fala *"a única diferença é que não é tão fácil de se relacionar, não no sentido de relacionamento, mas em se identificar em outras pessoas que tenham o núcleo diferente do meu, sabe?"*. Mas essas experiências denotam um bom prognóstico em relação ao futuro, não evita tomar contato, mas sim de lidar com essa situação desconhecida até o momento (Kolck, 1968).

O sujeito S, em seu primeiro desenho do teste de DF-E, disponibilizado no anexo *7.4.1 Desenhe uma família qualquer*, colocou como provedores pessoas mais velhas, seus avós, na direção da construção de uma família e que cuidam de um neto criança, sendo a projeção do próprio sujeito nessa criança (Trinca, 2020). Em seu segundo desenho, consegue falar da família ideal, possui apenas duas pessoas, mas contendo apenas as cabeças, sem o corpo, denotando, assim, uma dificuldade de constituir essa família ideal, ou dificuldade em atingir a mesma. A imaturidade emocional é vista na ausência de filhos, juntamente ao desenho anterior da criança pela qual se identifica (Trinca, 2020). Já em sua terceira produção, conseguiu demonstrar, pela primeira vez, os sentimentos no desenho com estória. Literalmente projetou a angústia e a ansiedade frente às dificuldades. Projetou o negativo, aquilo que entende ser algo ruim, e sua fragilidade emocional. Ao projetar para fora os sentimentos ruins, negativos, revela a imaturidade de lidar e administrar dificuldades. Por fim, em seu quarto desenho, denota o cotidiano de sua família, que demonstra certa ambivalência de estar inserido e, ao mesmo tempo, não se sentir pertencente ao ambiente. Mais uma vez mostra certa imaturidade para construção de uma família pela dificuldade de se identificar com a que o criou (Trinca, 2020).

Em seu Desenho Livre, traz seu carro apenas. Desenho que ocupou uma grande área do papel, demonstrando expansão e agressividade, para lidar com a vida, mas ainda permanece a dependência emocional, associada a ausência de pai e mãe (Kolck, 1968). Podemos dizer que o carro é o objeto que só pode pertencer a um adulto, demonstrando que vida de S está no comando de uma criança, que, nesse caso, é o próprio E. Como o Desenho livre foi no final do DF-E, podemos perceber que a experiência de desenhar o carro sozinho, está impossibilitando-o de dar continuidade à sua própria família pela falta de figuras parentais, conforme coloca em sua fala: *"o fato de ter dificuldade de conhecer pessoas novas é por conta da família em que cresci"*. Essas interpretações de seus desenhos denotam uma necessidade de psicoterapia para ressignificar figuras parentais, até o momento ausentes (Kolck, 1968).

Assim, a última participante, H, em seu primeiro desenho do teste de DF-E, disponibilizado no anexo *7.5.1 Desenhe uma família qualquer*, colocou a mãe como provedora, dela e do namorado, dentro de uma casa, demonstrando um sinal de proteção desse núcleo quanto aos riscos em volta da família, denotando um externo que traz ameaça para o todo, assim projetando a construção de uma família em que a mãe cuida de todos a todo momento. Não há demonstração de autonomia vindo por parte de H (Trinca, 2020). Em sua segunda produção, H consegue falar de sua família ideal, projetando a si mesma e o namorado em um quarto, e sua mãe com a companheira em outro cômodo. Denotando, assim, o apego dessa mãe no auxílio da independência da filha, mas, ao mesmo tempo, não havendo essa independência, não consegue vê-la como construtora de uma nova família, tendo, então, dificuldade em alcançá-la. A imaturidade emocional é vista na dependência posta a essa mãe (Trinca, 2020). Em seu terceiro desenho, H trouxe a figura paterna como a pessoa que não está bem, denotando a separação dos dois, ela e o pai, como algo de ruim. O desenho é caracterizado pelo sentimento de angústia e, mais uma vez, com o apoio da mãe e do avô. Projeta-se nesse desenho, a angústia e ansiedade frente às dificuldades, revelando a imaturidade de lidar e administrar dificuldades (Trinca, 2020). Em seu último desenho do DF-E, H mostrou em seu desenho o cotidiano de sua família no início, ainda com a separação dos pais, mas dessa vez representando-o no canto do desenho demonstrando sentimento de nostalgia, mas não a família atual. Mais uma vez, mostra imaturidade para encarar a família real e lidar com os sentimentos que essa provoca, que preferiu trazer a experiência antiga, idílio, entre ela, a mãe e o pai (Trinca, 2020).

Por fim, em seu Desenho livre, traz um desenho expansivo, ocupando quase toda a folha, mostrando agressividade, para lidar com a vida (Kolck, 1968), mas ainda permanece a dependência emocional, associada à ausência de pai e dependência da mãe. O desenho demonstra vários riscos, sugerindo a intensa ansiedade que vive e, provavelmente, por ter revivido sua vida através do procedimento desenho-estória DF-E que fez (Kolck, 1968).

Segunda parte perguntas norteadoras

Aplicação: Após finalizar os desenhos, a entrevista oral seguiu com mais quatro perguntas que também agregaram para a análise psicossocial dos indivíduos com relação ao Complexo de Persona, produzindo novamente outro quadro com temática, categorização e significação dos conteúdos inconscientes das pessoas. Para tal análise, foi feita as perguntas acerca de: "Como se sentiu após realizar os desenhos?", "Dentre os desenhos realizados quais foram seus preferidos?", "E quais deles lhe trouxeram algum incômodo?" e "Sente que ser criada dentro desse núcleo familiar lhe trouxe algum impacto psicossocial?" e tendo como resposta, também de forma resumida, de forma consecutiva a descrita acima

Quadro 4 – Perguntas norteadoras

J	F	U	S	H
"Pensativa. Porque parece que eu fiz uma sequência dos tipos de coisas que eu não queria e daquilo que eu quero para família."	"Que eu não estava preparado para os desenhos."	"Normal até, principalmente com o último, que foi com gostinho de criança, acho que foi tranquilo."	"Foi legal, gostei de desenhar, foi bom voltar a fazer algo que eu goste."	"Tranquila, os desenhos ficaram estranhos mas foi legal de fazer."
"O primeiro e o último."	"Os coloridos. O 5° e o 4°."	"O do carrinho, foi muito bom de fazer. E o quarto desenho que é a família atual."	"O do Golf e o da minha família."	"O que era pra desenhar a família que eu queria ter."
"O terceiro."	"O segundo e o terceiro."	"De longe o terceiro que é alguém mal."	"O terceiro. Porque era uma pessoa bem triste."	"O terceiro que era pra desenhar alguém mal."
"Sim. Eu tenho medo de não conseguir ter uma família ou de não conseguir manter uma família."	"Com certeza, mas é difícil de falar dos próprios impactos psicossociais. O desapego com a família, eu nunca tive uma família estruturada com pai e mãe."	"A única diferença é que não é tão fácil de se relacionar, não no sentido de relacionamento, mas em se identificar em outras pessoas que tenham o núcleo diferente do meu."	"Eu acho que sim, o fato de ter dificuldade de conhecer pessoas novas é por conta da família em que cresci."	"Acho que sim. Depois disso comecei a ter ansiedade ,eu acho." Por conta da mãe se relacionar com outra mulher e posteriormente sofre ataques em sua escola.

Fonte: Elaborada pela autora, 2025.

Dessa forma, também foi produzido a análise de conteúdo (Bardin, 1977) trazendo as temáticas e categorizações das respostas obtidas a partir das perguntas feitas, para que, posteriormente, fossem relacionadas ao Complexo de Persona. Assim, temos:

Quadro 5 – Análise de conteúdo

Temas Recorrentes	Categoria	Significação
Bem estar psicológico.	Realização dos desenhos.	A realização dos desenhos retomou a qualidade do desenvolvimento cognitivo descrito anteriormente.
Desenho de preferência.	Infância.	O mal estar dos entrevistados é relacionado diretamente às experiências obtidas em suas infâncias e a forma como buscam acrescentar outras pessoas em seu cotidiano para suprir uma carência de relações pessoais.
Desenhos aversivos.		
Desenvolvimento Psicossocial.	Psicossocial.	Foi retomada a categoria de psicossocial, desta vez relacionada à infância em que se demonstrou instável e consequentemente o psicossocial também alterado.

Fonte: Elaborada pela autora, 2025.

Assim, foi confirmado novamente que o desenvolvimento cognitivo dos participantes não obteve alterações significativas da normalidade, sendo a fuga da normalidade, como qualquer tipo de desvio da adesão às atividades, compreensão das tarefas e regras e a prática dos exercícios propostos.

Já na penúltima pergunta demonstraram insatisfação em produzir o terceiro desenho, no qual há alguém que não está bem, todos relataram que a pessoa que não estava bem era uma pessoa de sua família e não a si próprio, mostrando que, inconscientemente, depositaram conteúdos acerca de seus sofrimentos. Em contrapartida, houve satisfação relacionada aos desenhos que continham suas famílias atuais, o que demonstra uma oposição aos relatos iniciais de cada uma acerca da insatisfação de seus núcleos familiares em que foram criados. Isso demonstra a necessidade da compreensão sobre a existência dos novos núcleos familiares e a carência da aceitação social sobre elas.

Contudo, temos o reconhecimento dos impactos psicossociais desenvolvidos por eles, que também contrapõe o primeiro relato acerca do desenvolvimento social. Inicialmente discorrem acerca da normalidade em entrar em contato com sociedade, mas foi constatado que por conta do impacto negativo que tiveram psicologicamente, produziu-se uma dificuldade em criar relações sociais em que os entrevistados pudessem vincular-se com outras pessoas, produzindo confiança e estabilidade em seus relacionamentos.

Por fim, foi notado que o desenvolvimento de papéis que exercem dentro de sociedade sofreu alterações, no sentido de que demonstraram aversão à alguns deles, como citado pelos entrevistados sobre o medo de constituir uma família, o medo de não alcançar as expectativas de uma família feliz, a dificuldade de criar relações de amizade e amorosas e, também, o desenvolvimento de psicopatologias que, apesar de não ser o foco, demonstraram uma fuga da normalidade descritos anteriormente. Dessa forma, o desenvolvimento de cargas emocionais advindas das configurações parentais estudadas nesse trabalho gerou conflitos na aplicação dos exercícios sociais dos participantes, ou seja, a evolução do complexo (Jung, 2016) relacionado à Persona manifestaram formas de lidar com o mundo onde produzem papéis instáveis ou desestruturados que não permitem a execução do mesmo por longa duração e que não cause um mal-estar para o indivíduo.

CONSIDERAÇÕES FINAIS

Atualmente, existe uma gama diversificada de grupos e configurações familiares que não se encaixam em uma padronização imposta pela Constituição Federal do Brasil, dentro do artigo 226 (Constituição, 1988). O presente trabalho, refere-se a uma pesquisa qualitativa, cujo objetivo foi analisar e comparar as possíveis mudanças psicossociais em jovens adultos que tiveram sua constituição familiar fora do comum, entendendo "comum" ou "tradicional" como aquela família formada por um pai, sendo este homem cisgênero e heterossexual, e uma mãe, sendo esta uma mulher também cisgênero e heterossexual, e como forma de união a civil, religiosa ou união estável. Esse formato familiar não depende de um ente progenitor de um filho; mas caso haja uma criança envolvida nessa relação familiar, o núcleo familiar comum pode ser considerado como apenas o pai e filho ou apenas a mãe e filho.

Assim, compreende-se que houveram alterações psicossociais que têm relação com o Complexo de Persona, demonstrado nas dificuldades em exercer alguns dos papéis normativos dentro da sociedade. Isso foi evidenciado na categoria psicossocial, descrita na análise de conteúdo, na qual relataram dificuldades na construção de novas relações de confiança, amorosa, dentro do trabalho e no medo de construção de famílias, ou seja, o exercício de funções como o de pais, namorados ou até mesmo o de trabalhador. Dessa forma, confirma a hipótese inicial sobre existir possíveis alterações psicossociais.

O estudo ainda necessita de investimento, como dito anteriormente, trata-se de uma pesquisa exploratória, pois para melhor avaliação do desenvolvimento psicossocial é necessário um grupo controle em que se possa comparar desde as configurações parentais mais tradicionais até as mais incomuns dentro de sociedade. O mesmo tema ainda carece de uma especificidade nas configurações homotransparentais que vem se tornando mais evidente em sociedade a partir dos movimentos de luta quanto à adoção de jovens por essas configurações parentais.

REFERÊNCIAS

AMERICAN PSYCHIATRIC ASSOCIATION. **Manual diagnóstico e estatístico de transtornos mentais**: DSM-5. 5. ed. Porto Alegre: Artmed, 2014.

ASQUITH, R.; HOFFMAN, M. **O grande e maravilhoso livro das famílias**. São Paulo: Editora SM, 2011.

BARDIN, L. **Análise de conteúdo**. Lisboa, Edições 70, 1977.

BRASIL. Código Civil Brasileiro. Presidência da República. **Lei nº 10.406, de 10 de janeiro de 2002**. Diário Oficial da União, Brasília, DF, 11 jan. 2002. Disponível em: http://www.planalto.gov.br/ccivil_03/Leis/2002/L10406.htm. Acesso em: 10 abr. 2022.

BRASIL. **CONSTITUIÇÃO DA REPÚBLICA FEDERATIVA DO BRASIL DE 1988**. Brasília, DF. 1988. Disponível em: http://www.planalto.gov.br/ccivil_03/constituicao/constituicao.htm. Acesso em: 10 abr. 2022.

BRASIL. Estatuto da Criança e do Adolescente. **Lei nº 8069, de 13 de julho de 1990**. Diário Oficial da União, Brasília, DF, 16 jul. 1990. São Paulo, 2008. Disponível em: http://www.planalto.gov.br/ccivil_03/Leis/L8069.htm. Acesso em: 10 abr. 2022.

HAMMER, E. F. **Aplicações Clínicas dos Desenhos Projetivos**. São Paulo: Casa do Psicólogo, 1991.

JUNG, C. G. **O eu e o inconsciente**. Petrópolis: Vozes, 2008.

JUNG, C. G. **O homem e seus símbolos**. 3. ed. Rio de Janeiro: Harper Collins, 2016.

JUNG, C. G. **Símbolos e interpretações dos sonhos**. 1. ed. Rio de Janeiro: Nova Fronteira, 1961.

JUNG, C. G. **Tipos psicológicos**. 7. ed. Petrópolis: Vozes, 1967.

KAMERS, M. As novas configurações da família e o estatuto simbólico das funções parentais. Estilos da Clínica, Vol. XI, nº 21, p.108 – 125. São Paulo, 2006.

KOLCK, O. L. V. **Interpretação Psicológica de Desenho**. São Paulo: Pioneira Limitada, 1968.

MENDES, R. M.; MISKULIN, R. G. S. **A análise de conteúdo como uma metodologia**. Cadernos de Pesquisa, v.47, p. 1044 – 1066. 2017.

NAGEM, T. E.; NEGOZIO, S. B. **Do método Clínico Centrado na Pessoa à Terapia de Família Relacional Sistêmica:** Diálogos Possíveis. Nova Perspectiva Sistêmica, vol. 30, p. 64-76. 2021.

NETO, E. F. P.; RAMOS,M. Z.; SILVEIRA, E. M. C. **Configurações familiares e implicações para o trabalho em saúde da criança em nível hospitalar**. Revista de Saúde Coletiva, Vol. 26, p. 961-979, Rio de Janeiro, 2016.

PESSOA, G. **O complexo heteropatriarcal:** uma contribuição para o estudo da sexualidade na psicologia analítica a partir da teoria social. Revista da Sociedade Brasileira de Psicologia Analítica, v.39-2, p.89-102, 2021.

PEREIRA, O. C. N.; NECA, L. O.; FACCHINI, A. H.; LIMA, T. P.; FREITAS, L. V. **Jogar videogame como uma experiência simbólica:** Entrevista com jogadores. Boletim de Psicologia, vol. 62, nº 136, p. 81 – 91, São Paulo, 2012.

PERRONE, M. P. M. S. B. Complexo: conceito fundante na construção da psicologia de Carl Gustav Jung. Cap. 3, p. 36 – 50. São Paulo, 2008. Disponível: https://www.teses.usp.br/teses/disponiveis/47/47134/tde-30072009-135120/publico/Tesefinal.pdf

SEQUEIRA, J.; ALARCÃO, M. **Por que não mudam as famílias? Narrativas de terapias familiares de insucesso.** *Temas em Psicologia*, Coimbra, v. 21, n. 1, p. 203-219, 2013.

TRINCA, Waldemar. **Formas Lúdicas de Investigação em Psicologia:** Procedimento de Desenho-Estória e Procedimento de Desenho de Família com Estória. São Paulo: Vetor, 2020.

WHITE, Michael. **Mapas da prática narrativa.** Fortaleza: Pacartes, 2012.

PESQUISA COM CAT

CASO CLÍNICO COM O TESTE DE APERCEPÇÃO INFANTIL (CAT-A)

ESTUDO DE CASO REALIZADO PELA PSICÓLOGA, EDLAINE FERREIRA DA COSTA RICCI, EM UMA UNIDADE BÁSICA DE SAÚDE DA FAMÍLIA DE UM MUNICÍPIO DO ESTADO DE SÃO PAULO.

Descrição da demanda

O presente relatório é decorrente de atendimentos psicológicos, prestados à criança citada acima, encaminhada pelo Departamento de Polícia de um município do estado de São Paulo, em função ao Boletim de Ocorrência de Natureza Estupro de Vulnerável Tentado, para a veracidade dos autos. Como medida de proteção à infância (Art. 98. Eca).

Procedimento

"A criança de 4 anos, não alfabetizada, foi avaliada com o intuito de subsidiar procedimento de investigação policial."

Inicialmente foi submetida aos protocolos de técnicas projetivas e observação lúdica. Observou-se que a criança possui boa dicção relativo à idade, demonstrando, durante as atividades lúdicas, sentimentos subjacentes baseados na realidade. À medida que se seguiam os encontros, foram significativamente percebidos a ansiedade, nervosismo, agressividade ambivalentes relacionados à insegurança, incapacidade e indecisão frente à percepção ao seu redor. Essas emoções eram externalizadas em sua fala como: "que nojo!" apontando com o indicador para as partes íntimas *(src).*

Durante o psicodiagnóstico, pode-se observar a capacidade da criança mostrar-se controladora, outrora empática, com impulsos destrutivos, ansiedade depressiva. Quando relacionada ao objeto, projeta a proteção na genitora tendo como apoio, segurança, acolhimento. No discurso dela, idealiza o pai representado como sendo o atual companheiro da genitora (há três anos) e o filho do companheiro.

Foram observados, subjacentemente, o funcionamento defensivo da criança em que à medida que seu comportamento adaptativo é elaborado frente às ideações, apresenta momentos ansiógenos e de fragilidade frente aos mecanismos de defesas, o que indica fraqueza das operações defensivas; tidas como controle e regulação dos impulsos e ímpetos.

A criança manteve-se fragilizada frente a algo que mobilize temor e pressão ambiental demonstrado em seu comportamento.

Conclusão

Diante dos fatos apresentados, foi possível concluir que houve indicativos de possíveis insinuações referentes a carícias não permitidas, além do relato crível e exato.

Sugere-se continuidade em psicoterapia como benefício em prol do desenvolvimento integral, a fim de que os conflitos possam ser resolvidos para que a estrutura familiar biopsicossocial possa ser preservada.

Técnicas de Avaliação

1. Acolhimento e Escuta.
2. Entrevista inicial com os pais, familiares, pessoas próximas ao periciado.

3. Anamnese.

4. Fortalecimento do Vínculo Terapêutico.

5. Observação ludoterápica.

6. Aplicação de Técnicas Projetivas – CAT (a seguir).

7. Devolutiva para os pais.

ANÁLISE – CARTÃO 1

Tema: Um gatinho e um pintinho comendo bolo.

Nível descritivo: "Um gatinho e um pintinho comendo bolo, tá do lado do bolo, tá gostoso, uma criança que está na mesa, um bolo que a galinha que é o pai dele; é o Matheus, papai e mamãe e eu. O pintinho da esquerda sou eu! Quem? – sou eu o preto .... e o Matheus, o papai e a mamãe pequenininho, depois a galinha é o papai é o Paulo do Matheus e a mãe do Matheus, dá papazinho! E o tio e a tia Raimunda dá comidinha e tem um carro vermelho".

Nível Interpretativo: Sentimento de inclusão no vínculo familiar.

Nível Diagnóstico: necessidade de gratificação e busca afetiva da tríade.

Temática: frequentemente evocada com a identificação e ausência em relação ao vínculo familiar.

Percepção dos elementos do estímulo: Adequada; própria percepção.

    a. Autoimagem
    b. Própria Capacidade P=0;N=1
    c. Relações Objetais

d. Dependência, proteção e abandono, punição, desamparo, subjugado, solidão, privação, acréscimo P=1;N=0.
e. Conceção do ambiente
f. Reúnem os elementos da estória que envolve a sua gratificação do ambiente. P=1;N=0
g. Necessidades e conflitos
h. Autoridade e submissão; força e fragilidade; aprovação e desaprovação. P=0;N=1
i. Ansiedades

Necessidade de ser visto, atendido, de solidão. P=0;N=1

Mecanismos de Defesas

Regressão, racionalização, projeção, formação reativa, isolamento. P=1;N=0

a. Superego
Atuante P=1;N=0

b. Integração do ego
Razoável integração do ego P=1;N=0

Tempo latência 05´´ vivacidade durante a atuação

Tempo Total 8´ minutos

ANÁLISE – CARTÃO 2

Tema: Um ursinho e o pai dele

Nível descritivo: "Um ursinho e o pai dele, e ele não aguenta e ele o outro! (aponta com o dedo da esquerda) é mais forte com o filho, é forte e ele ganha, e o outro não tá com o filho dele! (mostra o filho); a mãe com o filho vai ganhar! E o pai é um bicho e não vai ganhar! Vai perder porque ele vai tomar um tombo".

Nível Interpretativo: Sentimento de força ao lado da mãe.

Nível Diagnóstico: Necessidade de proteção.

Temática: Medo de agressão.

Percepção dos elementos do estímulo; Adequada; própria percepção.

a. Autoimagem
Própria percepção. Oponente vencedor P=0; N=1

b. Relações Objetais
Dependência, proteção e abandono, punição e desaprovação, desamparo. P=0;N=1

c. Conceção do ambiente
Reúnem os elementos da estória que envolve a sua e a relação conflituosa na obtenção de auxílio. P=1; N=0

d. Necessidades e conflitos
Autoridade e submissão; força e fragilidade; aprovação e desaprovação. P=0; N=1

e. Ansiedades
Necessidade de ser visto, atendido, de solidão. P=1; N=0

Mecanismos de Defesas

Racionalização, projeção, formação reativa

a. Superego
Atuante

b. Integração do ego
Razoável integração do ego

Tempo latência 03´´ segundos

Tempo Total 4´ minutos

ANÁLISE – CARTÃO 3

Tema: Um leão

Nível descritivo: "Um leão! Tá sentado e quer dormir!... Tem um gatinho pequenininho e esse aqui é o gatinho (aponta para o ratinho na prancha), é pequenininho da mamãe! Olha! Ele tem duas mães! E tem uma lumpa no bumbum! Que tem comida de cocô no bumbum dele! E coxinha!... E esse buraco tem um ratinho apontando para a prancha. Psicóloga – E o leão o que está fazendo? – Ele tem um martelo que bate na bunda... no peito e na cabeça, é o martelo de arrumar carro!!! Que tem na mão do leão que pegou! E o ratinho era de brinquedo, ele, o leão, prendeu o ratinho e deu comida de passarinho e saiu sangue da bunda dele! Que eu vi!!! Psicóloga – E como a estória termina depois disso? – Porque o leão brigou com o ratinho e ele chorou e peidou (risos) de nojo (riso), o ratinho era o pai dele. E o ratinho viu o cocô na casinha de brinquedo dele! Psicóloga – E onde fica essa casa? – A casa dele é da tia dele e da sua mãe e acabou!"

Nível Interpretativo: Sentimento de incapacidade

Nível Diagnóstico: Necessidade excitação e dissipação

Temática: Conflitos e maus tratos intrafamiliares.

Percepção dos elementos do estímulo: inadequada; agressividade frente a imagem do herói.

   a. Autoimagem
Própria percepção. P = 1; N=0

b. Relações Objetais
Autoridade e submissão; agressão e impotência. P=0; N=0

c. Necessidades e conflitos
Autoridade e submissão; força e fragilidade; aprovação e desaprovação. P=0;N=0

d. Ansiedades
De danos físicos e ou punição. P=0;N=1

Mecanismos de Defesas

Racionalização, anulação, repressão. P=0;N=1

e. Superego
Frágil P=0;N=1

f. Integração do ego
Razoável integração do ego. P=0; N=1

Tempo latência 02´´ segundos

Tempo Total 6´ minutos

ANÁLISE – CARTÃO 4

Tema: A Bicicletinha e o coelho da mãe dele!

Nível descritivo: "É a mãe e os filhinhos que está dentro!!! Bem aqui!!! Que fofinho!!! Que dó!! Ele tá com frio! Ele quer dormir! E o vento do boneco! Psicóloga – Que boneco? Onde? – Aqui dentro!! Esse aqui que quer estourar o balão!!! E se estourar já era.... eles querem comer comida, bolo, biscoito, bolacha... a mãe dele é um lobo grande!!! Esse daqui (aponta com o dedo a figura da mãe canguru) Oh!!! Na barriga é o lobinho!!! Psicóloga – E o da bicicleta? – É o irmão grande com a unha, bracinho, mãozinha e a bicicleta quebrou! Psicóloga – Como? – Por que ele viajou de moto e bicicleta!!! E fim!!!"

Nível Interpretativo: Se ficar com a mãe, vou ser protegido e alimentado, pois se sente indefeso e desprotegido.

Nível Diagnóstico: Necessidade de altruísmo e autodefesa física.

Temática: Atitude independente

Percepção dos elementos do estímulo: adequada; dependência, proteção e abandono.

a. Autoimagem
Própria Capacidade. P=1;N=0

b. Relações Objetais
Aprovação e desaprovação, proteção e abandono. P=1; N=0

c. Necessidades e conflitos
Agressão e impotência; força e fragilidade. P=0; N=0

d. Ansiedades
De gratificação, subjugado e desamparado, segurança. P=0; N=1

Mecanismos de Defesas
Identificação projetiva, regressão. P=0;N=0

a. Superego
Rígido. P=1;N=0

b. Integração do ego
Razoável integração do ego. P=1; N=0

Análise formal: tendência manifesta exteriorizada de temor relacionada ao medo de ser abandonado e a preocupação com a tríade amor, segurança.

Tempo latência 04´´ segundos

Tempo Total 5´ minutos

ANÁLISE – CARTÃO 5

Tema: Um cobertor

Nível descritivo: "Um cobertor! – A cama! Que a luz apagou tá escuro porque era hora de dormir! Oh!!! O bicho é dois!!! Nenês estão no berço!!! Duas crianças!! Tá de boné brincando, brigando!!! Coitado!!! Que dó!!! E tem um bicho na árvore!!! Onde? Na janela lá fora!!! Vai pegar o filho!! Psicóloga – Eles estão sozinhos? – A mãe e o pai porque não tem ninguém na casa!! Por isso! Machuca e morre, e o que acontece depois? Porque não tem ninguém para ajudar ele; porque o bicho bate e sai sangue e morre!!!"

Nível Interpretativo: Alguém que está desprotegido impotente

Nível Diagnóstico: Necessidade de apoio e rivalidade fraterna, insegurança.

Temática: Atitude submissa de impotência.

Percepção dos elementos do estímulo: adequada; dependência, proteção e abandono.

a. Autoimagem
Própria incapacidade.
Herói : Ursinho do berço.

b. Relações Objetais

Agressão e impotência, proteção e abandono, autoridade e submissão.

c. Necessidades e conflitos
Subjugado e desamparado

d. Ansiedades
De solidão, dano físico e ou punição.

e. Mecanismos de Defesas
Splitting, identificação projetiva, regressão

f. Superego
Rígido

g. Integração do ego
Razoável integração do ego

Tempo latência 02´´ segundos

Tempo Total 5´ minutos

ANÁLISE – CARTÃO 6

Tema: Ambiente ameaçador e inseguro

Nível descritivo: "– Um buraco e uma tartaruga... Psicóloga – Onde você vê? – Esse daqui!!! (aponta com o dedo o ursinho na entrada da caverna). Porque não tem olho... nem pé... nem mão... nem buraquinho... um buracão!!! É um buraquinho!!!!. Deixa eu ver!!! (segura a prancha e fita os olhos na figura). Psicóloga – Tem alguém nesse buraco? Ou Buraquinho? Não tem ninguém não (entrega a prancha)."

Nível Interpretativo: Alguém que sofreu impacto diante da figura da prancha e não consegue enxergar a imagem alegando não ver.

Nível Diagnóstico: Necessidade excitação e dissipação.

Temática: Atitude de impacto e intocável ao sentimento de anulação.

Percepção dos elementos do estímulo: inadequada tida como opressor, sombrio, ameaçador.

a. Autoimagem
Própria incapacidade relacionada ao estímulo e contato com os conteúdos internos de modo que acabam por comprometer a sensibilidade à realidade subjetiva.
Herói: ursinho sozinho na entrada da caverna.

b. Relações Objetais
Aprovação X desaprovação, abandono X escuridão

c. Necessidades e conflitos
De perigo físico

d. Ansiedades
De castração, e ou curiosidade das questões de ordem sexual

Mecanismos de Defesas
Identificação projetiva, inibição, anulação, isolamento, repressão, negação.

a. Superego
Rígido

b. Integração do ego
Razoável integração do ego
Tempo latência 03´´ segundos
Tempo Total 3´ minutos

ANÁLISE – CARTÃO 7

Tema: O leão e o macaco! (Pressão ambiental)

Nível descritivo: "O leão e o macaco!!! O leão vai pegar o macaco e vai fazer o quê? Faz tempo... tempo... Que o leão não consegue pegar o macaco. E o macaco é o nenê e ele chorou e queria mamar nescau de leite... risos. Que engraçado!!! O leão nem pegou ainda, o leão queria a rodela do macaco, a vó dele... Psicóloga – Quem? – Do macaco... Cheirou a rodela com cheiro de cocô... que nojo!!! Psicóloga – E o que aconteceu depois? – O leão quer pegar o macaco, quer morder o macaco e sai sangue e morre..."

Nível Interpretativo: Alguém que está em uma ambiente ameaçador e impotente.

Nível Diagnóstico: Ansiedade frente ao perigo, dificuldade de controle e respostas a situações hostilizadas.

Percepção dos elementos do estímulo: Inadequada tida como opressor, sombrio e ameaçador.

a. Autoimagem
Própria incapacidade relacionada ao estímulo de modo punitivo.
Herói : macaco nenê

b. Relações Objetais
Abandono, oralidade

c. Necessidades e conflitos
Agressão e impotência, força e fragilidade

d. Ansiedades
De castração, dano físico e de ser devorado.

Mecanismos de Defesas

Identificação projetiva, anulação, racionalização, formação reativa.

a. Superego
Atuante

b. Integração do ego
Razoável integração do ego
Tempo latência 04´´ segundos
Tempo Total 8´ minutos

ANÁLISE – CARTÃO 8

Tema: O macaco e a mãe (ambiente de aproximação de vínculo materno)

Nível descritivo: "O macaco e a mãe! Duas mães!!! É isso!!! Olha!!! É duas mães!!! Duas mães!!! Duas mães!!! Uma conversa com o pai e outra com o filho! Psicóloga – E o que eles estão conversando? – A mãe está falando com o filho e a outra está sentada. Psicóloga – Essa casa é de quem? – Essa casa é do macaco. Psicóloga – E o nome dele? – Ele não tem nome. Psicóloga – E o que eles estão conversando? – A criança está falando que o carro está derrapando!!! Dois pais grandes!!! Duas mães bastante grandes!!! Quem? A mãe!!! Fim!!!"

Nível Interpretativo: Alguém que está admirado com a interação familiar.

Nível Diagnóstico: Afiliação unificada.

Percepção dos elementos do estímulo: Adequada, tida como acolhedora, afetiva unificada.

a. Autoimagem

Há uma sensibilidade à área mobilizada pela prancha.

Herói: As duas mães.

b. Relações Objetais

Atividade X passividade, dependência X independência, força X fragilidade.

c. Necessidades e conflitos

Agressão e impotência, força e fragilidade.

d. Ansiedades

De aprovação, gratificação, crescimento

e. Mecanismos de Defesas

Projeção, regressão, formação reativa.

f. Superego

Frágil

g. Integração do ego

Razoável integração do ego

Tempo latência 02´´ segundos

Tempo Total 6´ minutos

ANÁLISE – CARTÃO 9

Tema: O coelhinho deitado no berço chorando (ambiente hostil).

Nível descritivo: "O coelhinho deitado no berço chorando! Acho que o bicho pegou o papai, mamãe e tá muito escuro! Não! Pegou só papai!!! A mamãe não pegou não a mamãe não!!! Só o papai!!! Papai!!! Papai!!! Papai!!! Papai!!! Psicóloga – E o que aconteceu depois? – O papai foi para o céu, tava com sangue e morreu... O pai dele é um bicho e o coelho é um bicho passarinho... Psicóloga – Ele tem nome? (eu tenho! Sic). A mãe não pegou o coelhinho porque mordeu o bicho!!! Psicóloga – E a casa é de quem? – É da mãe do coelhinho, o nome do coelhinho que tem o pai dele... Psicóloga – E o que aconteceu depois? Eles foram morar na casa da mulher que ele quer ficar com o coelho da mamãe, e ficou com a mamãe e ficou mansinho... Porque a mamãe deu chocolate para ele..."

Nível Interpretativo: Alguém que percebe hostilidade ambiental familiar.

Nível Diagnóstico: Ambiente ameaçador e reações frente ao controle familiar.

Percepção dos elementos do estímulo: Adequada, tido como inseguro, relacionado à perda do objeto de amor, solidão.

a. Autoimagem
Adequada evocando preocupação relacionada à tríade edípica.
Herói : O coelhinho.

b. Relações Objetais
Agressão e impotência; autoridade X submissão

c. Necessidades e conflitos
Necessidade de ser acolhido, protegido, amado, seguro.

d. Ansiedades
Da falta ou perda do objeto de amor, solidão e abandono.

e. Mecanismos de Defesas
Formação Reativa, Racionalização, Repressão

f. Superego
Rígido

g. Integração do ego
Razoável integração do ego
Tempo latência 05´´ segundos
Tempo Total 7´ minutos

ANÁLISE – CARTÃO 10

Tema: O cachorrinho fez UAU (criança que se percebe fragilizada com o ambiente familiar).

Nível descritivo: "O cachorrinho fez UAU.... O pai e a mãe dele... era o pai dele... e bateu no cachorrinho porque está bravo... O pai está bravo... Ai que dó dele... a mãe dele não tá ali..., porque tá bravo com a mãe dele, porque ele foi brincar na areia e ficou sujo... Ai que dó dele... tadinho... Apanhou do pai dele... Depois ele ficou limpo... limpo... limpo... Porque ele fez cocô e caiu no bueiro e ficou sujo e o pai dele deu banho nele na casa da mãe dele... E ele foi embora para a casa da mamãe dele."

Nível Interpretativo: Expressa sentimento de impotência entre a tríade no vínculo familiar.

Nível Diagnóstico: Necessidade de Altruísmo.

Temática: Frequentemente expressa as situações de expectativa de indecisão entre os pais.

Percepção dos elementos do estímulo: Adequada: própria percepção.

a. Autoimagem
Própria Capacidade
Herói: O cachorrinho.

b. Relações Objetais
Dependência, proteção e abandono, punição, e desaprovação, desamparo, subjugado, solidão, privação, acréscimo, fase anal, autocastigo.

c. Conceção do ambiente
Reúnem os elementos da estória que envolve a sua.

d. Necessidades e conflitos
Corresponde à situação de autodefesa física.

e. Ansiedades
Necessidade de ser visto, atendido, de solidão.

Mecanismos de Defesas

Regressão, racionalização, projeção, formação reativa.

a. Superego
Atuante

b. Integração do ego
Razoável integração do ego
Tempo latência 05´´
Tempo Total 8´ minutos

SÍNTESE

1. Análise formal: Os processos primários predominam durante a estória contada pela criança

2. Análise formal: Os processos primários evocam a fase primária da criança.

3. Análise formal: Tendências sexuais ou agressivas distorcidas possivelmente predominam os fatores internos latentes encobertas pelo sujeito.

4. Análise formal: Tendência manifesta exteriorizada de temor relacionada ao medo de ser abandonado e a preocupação com a tríade amor, segurança.

5. Análise formal: Tendência manifesta voltadas ao ambiente hostil, ameaçador e solitário.

6. Análise formal: Tendência manifesta relacionada a tríade ignorada pela figura como parte da dificuldade de controle frente aos impulsos em tensões da fase primitiva.

7. Análise formal: Tendência manifesta relacionada às fases do desenvolvimento, instaurando a agressividade relacionada à fixação.

8. Análise formal: Tendência manifesta relacionadas às fases primitivas, especialmente ao vínculo materno.

9. Análise formal: Tendência manifesta relacionada ao vínculo materno e a disputa no triângulo edípico.

10. Análise formal: Os processos primários predominam durante a estória contada pela criança

RELATÓRIO FINAL

Aplicação: De forma geral, a criança se mostra confusa em relação aos estímulos internos manifestos externamente, mesmo em relação a percepção temporal. Os acontecimentos relatados são baseados no contexto familiar que está em funcionamento. Nas relações objetais, a criança busca investimento afetivo com os outros e a tendência à agressividade e significância destrutivas, como parte de enfrentamento e forma de acolhimento, proteção, submissão e insegurança.

Aplicação: Em relação a adaptação ao ambiente, a criança mostra-se insegura e com muita ansiedade, proporcionando conflitos e nota-se o quanto está fragilizada frente ao ambiente hostil, ameaçador e projetando no adulto o acolhimento e ambivalência frente à proteção, apoio, controle e regulação dos impulsos.

Aplicação: Frente aos processos de pensamento, mostra-se adequado, embora esteja sempre disperso dificultando a atenção e concentração em uma atividade. A ansiedade manifesta-se em seu discurso, interferindo em sua linguagem.

REFERÊNCIAS

BELLAK, L.; BELLAK, S. **Teste de Apercepção Temática Infantil com figuras de animais – CAT-A.** São Paulo: Editora Mestre Jou, 1979.

BELLAK, L.; ABRAMS, D. **CAT-A – Teste de Apercepção Temática para Crianças.** São Paulo: Vetor Editora, 2013.

MONTAGNA, M. E. **Análise e Interpretação do CAT**: Teste de Apercepção Temática Infantil. São Paulo: Editora Mestre Jou, 1989.

PESQUISA COM TAT

CASO CLÍNICO DO TESTE DE APERCEPÇÃO TEMÁTICA (TAT)
ESTUDO DE CASO REALIZADO EM UMA PESQUISA DE TCC, NA UNIVERSIDADE MUNICIPAL DE SÃO CAETANO – USCS
IMPACTOS PSICOLÓGICOS NO ADULTO CAUSADOS PELO ABUSO SEXUAL NA INFÂNCIA

LETÍCIA MENEZES DE JESUS

VICTÓRIA ZACH

Sandra Benevento Bertelli

(Orientadora)

METODOLOGIA

A presente pesquisa foi realizada em formato de estudo de caso. A seleção se deu de forma online, na qual um folheto contendo as informações da pesquisa foi disparado nas redes sociais das pesquisadoras, a fim de captar mulheres interessadas a participar do estudo de caso; as mesmas deveriam já ter passado por acompanhamento psicológico e todas as informações necessárias foram captadas no momento da inscrição. Após isso, foi selecionada a participante que obedeceu a todos os critérios estabelecidos neste projeto.

Após a admissão e o aceite em participar da pesquisa, será assinado pela participante o Termo de Consentimento Livre e Esclarecido (TCLE). Em um primeiro momento, será realizada uma entrevista semiestruturada com um roteiro a fim de compreender a história de vida da participante e coletar dados para a pesquisa, porém, pensando na liberdade da fala da participante, não haverá um limite; sendo assim, ela poderá expressar aquilo que julgar necessário. Em seguida, ocorrerá a aplicação do Teste de Apercepção Temática (TAT) e a análise dos dados coletados a partir da pesquisa e teste aplicado.

Participantes da pesquisa

Mulher adulta com idade entre 20 e 35 anos que tenha sofrido abuso sexual na infância.

Critérios de inclusão

A participante deverá ter entre 20 e 35 anos, ser do sexo feminino, ter sofrido abuso sexual com idade entre 2 e 10 anos e ter sido acompanhada por um(a) psicólogo(a), ser capaz de compreender e responder o instrumento de avaliação, aceitar o termo de consentimento livre e esclarecido (TCLE).

Critérios de exclusão

Os indivíduos excluídos da pesquisa serão mulheres e homens que não tenham sofrido abuso sexual infantil e que não se enquadrem no perfil citado.

Instrumentos

Para a realização da presente pesquisa, foram utilizados os seguintes instrumentos em um encontro de três horas com a participante:

Questionário Exploratório – desenvolvido para a presente pesquisa, composto por 10 perguntas norteadoras de forma a ser autoadministrado:

1. Qual seu nome?

2. Qual a sua idade?

3. Qual era a sua idade quando sofreu o abuso?

4. O abuso sexual ocorreu no meio intrafamiliar ou extrafamiliar?

5. Por quanto tempo você teve acompanhamento psicológico?

6. Quantas vezes o abuso sexual aconteceu?

7. Você contou para alguém o que estava acontecendo na época?

8. Pensando na lembrança daquela época, quais foram os sentimentos que vieram a sua cabeça?

9. E naquela época, quais foram os sentimentos?

10. Quais os prejuízos você acredita que esse acontecimento tenha trazido para sua vida?

Teste de Apercepção Temática (TAT) – instrumento proposto por Henry Murray elaborado em 1935, nos Estados Unidos, sua forma definitiva foi publicada em 1943. Tal instrumento é utilizado para revelar emoções, sentimentos, impulsos, conflitos da personalidade e complexos, a fim de expor tendências que o paciente não consegue admitir por não ter consciência das mesmas. Em síntese, o teste se constitui em uma série de pranchas com figuras para os quais se solicita ao sujeito que elabore uma história para cada cartão, pode-se escolher as pranchas de acordo com o que se é investigado.

Segundo Da Fonseca (2005) em sua pesquisa sobre "Abuso sexual na infância: um estudo de validade de instrumentos projetivos" as técnicas projetivas são as mais recomendadas para esse tipo de pesquisa pois, são caracterizadas por tarefas que não são estruturadas e possibilitam que o sujeito responda de forma livre, com liberdade total. Com isso, raramente os indivíduos que são submetidos a estes testes se dão conta de como será a interpretação psicológica de suas respostas. Para Anastasi e Urbina (2000, p. 338), "[...] os instrumentos projetivos representam procedimentos de testagem disfarçada [...]".

Local

A pesquisa foi realizada na Universidade de São Caetano do Sul (USCS) localizada na avenida goiás, nº 3.400, bairro Barcelona, na cidade de São Caetano do Sul.

Procedimento

O tipo de pesquisa pressupõe a interação entre pesquisador e participante, com enfoque em um perfil específico de indivíduo, sendo este de uma mulher adulta com idade entre 20 e 35 anos que tenha sofrido abuso sexual na infância. A prioridade dessa pesquisa é analisar quais são os impactos psicológicos na mulher adulta causados pelo abuso sexual na infância, examinando as suas consequências, além de analisar a relação dos impactos psicológicos aos aspectos sociais, psíquicos e sexuais desta vítima.

O período de pesquisa de campo foi de 6 meses, sendo o mês de Fevereiro exclusivo para o recrutamento da participante e anamnese e no mês de Março foi feita a seleção que obedeceu aos critérios estabelecidos nessa pesquisa.

Após a admissão e o aceite em participar da pesquisa, no mês de Abril, foi disponibilizado e assinado pela participante o Termo de Consentimento Livre e Esclarecido (TCLE), no mesmo mês ocorreu o encontro com a participante e foi aplicado o questionário exploratório semiestruturado contendo a faixa etária em que ocorreu o fato, o sexo do abusador e as questões sobre a ocorrência da violência/abuso sexual e a aplicação do teste de Apercepção Temática (TAT).

Durante o mês de Maio, foi feita a revisão de literatura. Nos meses de Junho e Julho ocorreu a análise dos dados coletados a partir do questionário e teste aplicado. Para tal análise foi utilizado a interpretação de acordo com o manual do Teste de Apercepção Temática (TAT). A pesquisa foi aprovada pelo comitê de ética em pesquisa (CEP) sob o número CAAE: 42522720.9.0000.5510.

Apresentação e Análise de Resultados

A análise do conteúdo passou por duas fases: Houve uma entrevista com a participante a partir do questionário semiestruturado, conforme relatado no presente projeto, no qual foram focalizados os trechos significativos da entrevista. Após a entrevista, foi feita a análise do Teste de Apercepção Temática, instrumento proposto por Henry Murray e elaborado em 1935 nos Estados Unidos, a partir do manual de aplicação e avaliação. Foram selecionadas dez pranchas, de acordo com a demanda da entrevistada, a fim de revelar emoções, sentimentos, impulsos, conflitos da personalidade e complexos que serão pertinentes para a pesquisa.

Heloísa (nome fictício) é uma mulher de 23 anos, solteira, graduanda em Serviço Social. Reside com sua mãe, pai e dois irmãos, sendo um de 26 anos e um de 17 anos. De acordo com o relato da entrevistada, ela tinha entre 7 e 8 anos quando ocorreu o abuso.

O abuso sexual aconteceu no meio extrafamiliar, ocorrendo com o pai de uma amiga, que também era amigo próximo da família. A entrevistada não se recorda se houveram mais abusos, mas ela se lembra de dois episódios. Ao longo da entrevista, Heloísa comenta que contou para a mãe o que tinha ocorrido, mas que não tinha noção da gravidade da situação. Num primeiro momento, sua mãe disse que ela deveria se afastar de sua amiga e não poderia mais frequentar aquela casa, impedindo totalmente o contato entre eles. Comentou que na época não sentiu nada, pois não entendia o que estava acontecendo e que inclusive chegou a compartilhar com alguns vizinhos o que ela havia passado. Relatou que um tempo depois teve ciência do ocorrido, sentiu raiva e impotência por não ter feito nada a respeito. Contou que sua mãe procurou o Conselho Tutelar na época, mas foi aconselhada a não fazer nada, pois poderia ser ainda mais traumático para Heloísa, porém ela afirma que talvez se sentisse menos impotente caso tivesse denunciado o abuso.

Com relação ao acompanhamento psicológico, a entrevistada contou que fez terapia por um ano logo após o ocorrido, e que voltou a ter acompanhamento em 2014. Acredita que a terapia vem contribuindo bastante em sua vida, especialmente há dois anos, quando decidiu falar com a psicóloga sobre o assunto. Contou que antes disso, ela fugia desse tema, acreditando que não havia necessidade e que tal situação estava totalmente superada. No que diz respeito aos prejuízos à sua vida, Heloísa (nome fictício) acredita que esse acontecimento refletiu na dificuldade de se relacionar com homens.

Quanto ao Teste de Apercepção Temática, foram selecionadas dez pranchas, sendo elas: 1, 2, 7MF, 3MF, 5, 6, 9MF, 16, 3RH e 8MF:

Prancha 1 – Latência: 28 segundos – Total: 01 minuto e 15 segundos.

Título da história: O menino e o violino

"Misericórdia, o que é isso? Mas eu não identifiquei... ah tá é um violino!!! Eu acho que é (risos). Ai gente, mas deixa eu pensar... É a história de um menino que não queria tocar piano, pela cara dele, mas os pais obrigavam ele a tocar piano... piano não gente desculpa, é violino!! Violino, mas os pais dele obrigavam a tocar, aí... ai gente, mas ele ainda tá triste nessa foto então não sei se podemos ter um final feliz, né... Ele foi obrigado a tocar, seguir uma carreira de uma coisa que ele não gostava e por isso ele ficava triste toda vez que ele olhava pro violino, pode ser?"

Prancha 2 – Latência: 15 segundos – Total: 01 minuto e 11 segundos.

Título da história: O motivo para ir

"Meu Deus, a história de uma moça que morava na fazenda, e aí ela queria estudar, mas não tinha dinheiro, mas um dia ela consegue ir lá, sei lá, percorrer seus sonhos e sair da fazenda, deixar tudo pra trás pra conseguir estudar. Ela tá indo embora aí, sei lá. Acho que ela não está feliz, mas acho que é porque ela tá deixando a situação e você fica meio triste, mas por uma coisa melhor eu acredito. Não está feliz no momento, mas... enfim. Isso me lembra um pouco o que aconteceu comigo, porque também tive que deixar uma situação... No caso, minha amiga que precisei me afastar e eu tinha uma relação bem próxima com ela..."

Prancha 7 MF – Latência: 01 minuto e 12 segundos – Total: 02 minutos e 53 segundos.

Título da história: Um bebê inesperado

"É um bebê? Ou é uma boneca? Ai gente... nossa gente, essa é muito difícil. Será que é um bebê? Ai, eu não sei. Vocês vão mandar tudo assim essas imagens tristes aí? É difícil de criar uma história triste. Deixa eu ver. Ai ai, parece triste, não pode ser uma boneca, então deve ser um bebê. É mais fácil estar triste com um bebê do que com uma boneca. Ai, então sei lá, é a história de uma menina, muito nova claramente, não sei dizer, não deveria ter um bebê, mas tem... Então, como foi que aconteceu esse bebê? Não sei não, hein, porque não tem indícios aí, tem que inventar né. Não consigo romantizar uma criança com um bebê, então não é uma coisa... Né... É praticamente uma criança, então uma criança nunca... Ela é sempre estuprada, né? Ela não... pela lei... então aí ela tem um bebê e essa mulher, pela vestimenta me parece uma empregada, não sei, mas pode ser que esteja ajudando, pode ser que ela tenha uma família rica, não parece?

Então... é uma menina que foi violentada, ela tem um bebê, porque mesmo que ela foi enganada por um amor de uma pessoa mais velha ainda é uma violência, então pode-se dizer assim, ela ficou com o bebê e a empregada ajudando porque a família ficou com vergonha dela. Pode ser isso então."

Prancha 3 MF – Latência: 26 segundos – Total: 01 minuto e 06 segundos.

Título da história: "A traição".

"Misericórdia, só piora! Gente, essa é muito aleatória. Uma mulher triste, tá. É a história de uma mulher, que tem uma bela vida, tem umas roupinhas legais, sei lá, parece pelo menos que...

o que aconteceu... ela viu o marido dela com outra, sei lá, ela tá chorando sei lá porque ficou arrasada com isso, não esperava isso, está abrindo ou fechando não sei se a porta estava fechada, mas ela está entrando ou saindo desse lugar aí que ela viu, esse quarto, e ela tava muito arrasada e triste, muito chorosa. Pelas roupas de época, ela deve ter sido obrigada a continuar com o marido, mesmo muito triste sei lá, pode ser que não seja de época mas sei lá, a nossa cabeça associa, sei lá. Ela continua com esse marido porque não teve muitas opções, porque não podia, né, separar dele, só aceitar."

Prancha 5 – Latência: 29 segundos – Total: 01 minuto e 03 segundos.

Título da história: "A empregada".

"Gente ai, sei lá, é a história de uma empregada que trabalha muito nessa casa de família, que eles tem uma boa condição e ela exausta como sempre, querendo ver os filhos, querendo ver a família, querendo dormir em casa, sei lá, vai, entra lá onde o chefe tá com a sua família reunida no jantar lá, sei lá, totalmente feliz e pergunta se pode ir e eles dizem que não porque precisam dela lá, principalmente porque eles estão reunidos com muita gente, com a família, e aí ela fica com essa cara aí de poucos amigos porque é uma bosta mesmo, mas tem que continuar trabalhando porque ela precisa dar o sustento pra sua família, então ela continua na casa sem falar nada."

Prancha 6 – Latência: 15 segundos – Total: 01 minuto e 15 segundos.

Título da história: "A chegada do marido"

"Tá, acho que é um casal de pessoas ricas, tá todo mundo rico na história, né, mas não ricos, mas que tem uma boa vida aí pela vestimenta dela e os cabelos, né... é... ela fica em casa porque também me parece muito antigo né, pelos cabelos, ele vai trabalhar, fuma charuto. Nesse momento ele tá chegando em casa, ela tá... não tá cuidando da casa porque se eles tem dinheiro tem outra pessoa cuidando, mas fazendo as coisas que as mulheres tinham que fazer antigamente, ficar tricotando... enfim. E aí o marido chega e nunca é uma companhia tão agradável, cara dele parece uma companhia bem desagradável... e... só que ela tem que receber, né, mais ou menos, mas ainda está com uma cara de descontentamento, que o marido chegou do trabalho e como sempre é assim, mas... é isso gente, sei lá."

Prancha 9 MF – Latência: 37 segundos – Total: 01 minuto e 27 segundos.

Título da história: "A fuga".

"Eu sinceramente não sei o que tá acontecendo aqui (risos)... tá... ao que me parece... ai gente, não sei, vou inventar, vou fazer fanfic aqui (risos) não sei o que eu faço... Eu não sei o que elas estão segurando, acho que uma é o vestido, a outra não sei o que que é não... parece que elas estão fugindo, numa floresta, tem uma árvore que ela tá segurando imagino que seja um riozinho não sei... não parece umas caras de contente, então imagino que estejam fugindo... "tcho" ver, "tcho" pensar porque... ah sei lá, é antigo também então sei lá, estão fugindo juntas porque se gostam... E querem ficar juntas, só que não pode, aí elas estão fugindo.

Mas acho que elas conseguem ficar juntas... é... (risos) vai dar certo sim."

Prancha 16 (em branco) – Latência: 31 segundos – Total: 02 minutos e 02 segundos.

Título da história: "A utopia"

"Essa tá em branco? Oxi, ahh... E aí? Cristo! Misericórdia, aí... É mais difícil ainda...Jesus... Ai, inspirada nessas tristes histórias... Já que estamos nessa "vibe"... É... Vamos fazer feliz. Pode ser qualquer coisa, né? Um conto de fadas, então vamos lá. Um dia, tem uma moça, aí ela acorda... E ela vive numa utopia, está tudo maravilhoso, um verdadeiro panfletinho de testemunha de Jeová... Sem desrespeitar a religião de ninguém, tá, gente? E não tem preconceito, não tem discriminação, não tem maus-tratos a crianças, não tem machismo, não tem homofobia, não tem nada, tá todo mundo vivendo uma humanidade assim, bacana como deveria ser, o pessoal dá a vez pro outro, tem um senso de responsabilidade... É... Enfim, tem uma boa socialização... Uma utopia, uma espécie de paz universal, felicidade. (Essa moça é jovem?) Jovem! Ela é jovem, tem seus impedimentos por conta de tudo isso como todas as pessoas, por conta de tudo isso como todas as pessoas, por conta de toda essa sociedade distópica que vivemos... Mas nesse dia ela acorda e vê que ela pode finalmente ser quem ela quer ser... Ir onde quiser ir, fazer o que quiser fazer, porque ela é totalmente livre... Porque a sociedade é livre. É isso.

Prancha 3 RH – Latência: 15 segundos – Total: 01 minuto e 42 segundos.

Título da história: "A morte repentina"

"Bom, é uma mulher pra mim, parece uma mulher, enfim, é uma mulher que está muito triste porque encontrou seu filho morto, imagino que aí seja uma cama, imagino que seja muito sofrimento perder um filho... E ela se lamenta muito, chora muito, se desespera na beira, nos pés da criança que ela encontrou morta... ela até podia ser, ainda pode, né, mas, por uma coisa simples, veio a falecer porque não tinha como buscar ajuda médica, não tinha muito acesso, por "N" fatores... e aí ela fica arrasada pela morte do seu filho. (Depois disso você acredita que ela consegue seguir a vida dela? Como você acha que fica o futuro dela depois dessa morte?) De um filho acho que é um trauma eterno... mas acho que ela consegue fazer as coisas, seguir a vida sim... sempre lembrando, como uma certa rotina de dor, mas consegue."

Prancha 8 MF − Latência: 13 segundos − Total: 02 minutos e 29 segundos.

Título da história: "O quadro dos sonhos"

"Essa não tá com uma cara de infeliz, as outras não tem uma carinha boa...hmmm... Parece que tá sonhando, sei lá, imaginando o futuro... Deixa eu ver o que eu posso pensar; é uma moça que sonha em ser cantora, vamos colocar assim, ela é muito ligada ao mundo da arte, tem muitos amigos, faz teatro enfim... Nesse aí vou colocar que ela tá posando pra um quadro pra um dos amigos dela que também é artista... E aí ela fala só pra ela ficar tranquila e ficar normal, parar de qualquer jeito, e ela para já sonhando imaginando cantando, como uma verdadeira artista, como ela tá sendo pra esse amigo naquele momento... (Ela está pensando na vida dela, no futuro?) Sim!! Acho que por isso esse rosto... (Qual você acha que é o sentimento dela pensando nessas coisas?) Sentimento? De felicidade... Aquela que você não alcançou, mas você acredita de verdade que vai... acho que isso, me passa uma tranquilidade... Sei lá."

A partir das histórias contadas, constata-se que os protagonistas vivem situações que não gostariam ou que se sentem obrigados a realizar. Segundo Silva (1989), a prancha 1 é sempre a primeira a ser aplicada, pois, em geral, não representa uma situação muito ameaçadora. Frequentemente essa prancha é relacionada com a autoridade, podendo ser pais ou professores. É possível observar que a entrevistada interpreta a imagem de forma que enxerga o garoto sendo obrigado a agir de uma forma que não queria; demonstra dificuldade em desenvolver e se aprofundar na história contada, por ser o primeiro estímulo a ser apresentado e ela nunca ter feito esse teste. Diante disso, essa prancha dá margem para a investigação da habilidade de adequação do sujeito a uma nova situação.

A prancha 2 evoca a área das relações familiares, além da percepção do ambiente. Devido à apresentação de três personagens, pode-se evocar as relações heterossexuais e, ainda, ocorrer associações referente aos papéis femininos, como realização profissional, descrito por Heloísa (nome fictício). É possível observar que a entrevistada se identifica com a protagonista, por ter que se afastar de alguém, de acordo com o seu relato. Não há nenhuma informação sobre as demais pessoas da prancha. Na prancha 7 MF foi possível observar a dificuldade que a entrevistada teve para contar a história, pela latência de mais de um minuto, e pelo relato onde a tristeza é bem enfatizada. Essa prancha costuma evocar a relação com a figura materna do indivíduo, podendo ser vista como um modelo, apoio ou até um obstáculo para a satisfação das necessidades (Vilhena M. Silva, 1983). Pode auxiliar também na investigação de problemática referente à maternidade, principalmente quando há a hesitação em relação à boneca ou distorção da mesma. Nota-se que segundo o relato da entrevistada, há uma distorção quando a mesma não identifica como uma boneca e sim, um bebê, fruto de um estupro. Além disso, existem sentimentos de ódio, tristeza e raiva, em que a entrevistada se coloca em menos valia. Ainda em seu relato, utiliza da seguinte explicação para tal acontecimento: "Uma criança sempre é estuprada" e "é mais fácil estar triste com um bebê do que com uma boneca".

A prancha 3 MF, engloba a área do desespero e da culpa, porém, a entrevistada não apresenta tais sentimentos, pois, ela demonstra certa conformidade com a traição, quando diz: "ela continua com o marido porque não teve muitas opções, porque não podia, né, separar dele.... só aceitar". Por ter o sexo e a idade mais definida, interfere no grau de projeção dela. Bem como em outras pranchas, a entrevistada relata sobre ser obrigada a viver uma situação indesejada, no caso, a esposa que é traída e tem que continuar a viver com seu marido. Nota-se que ela se identificou com a protagonista e sente tristeza pela situação vivida.

Na prancha 5, pode haver a evocação da imagem de uma mãe ou esposa protetora, castradora ou vigilante (Murray, 1943). Podem surgir conteúdos referentes a atitudes antissociais, ou, reações frente ao inesperado. Nessa prancha, a entrevistada inclui personagens além do que se mostra, como o seu chefe e a família, atitude esta, frequente na aplicação dela. Não há indícios de uma atitude antissocial ou até mesmo da imagem de uma mãe/esposa, mas sim, a falta de reação da protagonista ao ser negada de ir para sua casa, o que pode indicar uma dificul-dade na entrevistada para se impor em situações desagradáveis.

A prancha 6 MF pode apresentar relação com a figura paterna. De maneira geral, a filha sendo surpreendida pelo pai, escondendo algo do mesmo; essa figura masculina também pode ser percebida como um parceiro ou uma possibilidade de contato afetivo-sexual. Nesse caso, a entrevistada remete essa figura masculina como um marido indesejado, com uma pre-sença desagradável. Não há indícios de relação amorosa/afetiva, mas sim, de uma relação forçada, prevalecendo a dominação do homem sobre a mulher.

A prancha 9 MF pode remeter a espionagem, culpa e perseguição (Murray, 1943). Pode também dizer sobre a atitude da entrevistada diante de uma situação de perigo, ao desconhecido e ao proibido (Vilhena M. Silva, 1983). A participante relata a história de duas mulheres que estão fugindo de uma situação não dita para serem felizes juntas, remetendo a um relacionamento amoroso, que, de acordo com Heloísa (nome fictício), é uma relação proibida.

Na prancha 16, por ser um estímulo em branco, é esperado que o entrevistado se projete na história ou até mesmo projete aquilo que está sentindo no momento do teste. Segundo Herzberg, 1993 e Barros, 2004, diante dessa prancha, é comum que surjam relatos autobiográficos. A temática pode referir-se à necessidades urgentes do indivíduo, na história, Heloísa (nome fictício) conta sobre um mundo utópico, perfeito, onde não há nenhum tipo de discriminação, o que pode remeter aos seus desejos imediatos. É possível observar que a entrevistada se identifica com a protagonista jovem e esperançosa.

A prancha 3 RH, possui um estímulo com uma grande carga dramática e, por isso, não deve ser o primeiro a ser apresentado. Apresenta uma personagem de sexo indefinido, podendo ser aplicada tanto em homens, quanto em mulheres. É uma prancha bastante produtiva que pode mobilizar vivências de culpabilidade e autodestruição confrontadas com a necessidade de manter a integridade do ego. A história contada pela entrevistada indica uma personagem, com a qual ela aparenta se identificar, que utiliza de mecanismos de defesa em busca da integridade do ego, quando diz: "... é um trauma eterno, mas acho que ela consegue fazer as coisas, seguir a vida sim... Sempre lembrando com uma certa rotina de dor, mas consegue..." Nesse trecho, podemos notar que, independentemente da dor e trauma sentidos, ela consegue se adaptar e seguir sua vida.

A prancha 8 MF pode evocar questões referentes a conflitos e devaneios, é um estímulo estático. Há também a ligação com questões de autoconhecimento e aspiração. Na história, a entrevistada relata justamente uma jovem artista que está sonhando com um futuro feliz enquanto posa para uma pintura. Pode-se inferir que ela se identifica com a protagonista, demonstrando sentimento de esperança sobre um futuro que ainda não ocorreu. "Sentimento? De felicidade! Aquela que você não alcançou, mas que você acredita de verdade que vai... acho que isso, me passa uma tranquilidade...".

Em suma, diante de todas as histórias é possível notar que a entrevistada se identifica com os protagonistas. São histórias em sua grande parte tristes, nas quais a protagonista se sente obrigada a realizar uma tarefa ou estar em uma situação que não está satisfeita, bem como histórias que mostram pouco afeto, principalmente com figuras masculinas, cuja presença é desagradável. Ela demonstra também certa dificuldade em confiar; há, inclusive, o relato de uma criança que foi estuprada.

Durante a entrevista, ela relatou certa dificuldade em se relacionar e confiar em homens, fato este que é constatado diante da análise das histórias, bem como relatado acima. A única demonstração de afeto relatada ocorre entre duas mulheres, fato que também corrobora com a dificuldade dela em se relacionar com homens.

A entrevistada deixa claro por meio das histórias e da entrevista o trauma sofrido na infância, causando impacto no âmbito afetivo. Outras áreas como a intelectual e acadêmica não apresentam impactos significativos. Há também o relato em duas histórias sobre o sentimento de esperança, em que ela diz acreditar em um futuro onde se enxerga feliz, mesmo diante da dor causada pelo trauma.

CONSIDERAÇÕES FINAIS

Ao concluir esta pesquisa realizada em formato de estudo de caso, procurou-se analisar quais são os impactos psicológicos em mulheres adultas causados pelo abuso sexual na infância, utilizando como instrumento de coleta de dados para análise posterior, a aplicação reduzida do Teste de Apercepção Temática (TAT) e entrevista semiestruturada.

Diante dos dados expostos nesse estudo de caso, pode-se observar que o abuso sexual infantil é um dos tipos de violência que ocorre com mais frequência e um dos mais difíceis de ser tratado, levando em consideração todo o dano físico e psicológico causados a curto e longo prazo. É sempre importante que a vítima se sinta acolhida e segura para falar sobre o abuso vivenciado, além de uma rede de apoio que dê credibilidade à criança, pois, trata-se de um momento muito difícil.

É sabido que a violência sexual causa impactos intensos em diversos âmbitos a curto prazo, mas há, infelizmente, a escassez de pesquisas que falem sobre esses impactos a longo prazo, quando essa criança se torna adulto e essa foi a intenção dessa pesquisa.

Com os resultados obtidos, nota-se que há um impacto psicológico no adulto que sofreu abuso sexual na infância, mais precisamente no âmbito afetivo, como demonstrado na análise do TAT. Heloísa (nome fictício) demonstra dificuldade em se relacionar e criar confiança com indivíduos do sexo masculino, além de demonstrar também impacto em iniciar coisas novas; ela não permanece estagnada, mas, necessita de um maior esforço para se desenvolver no âmbito social e profissional.

É notável como consequência psicológica do abuso sexual a dificuldade de Heloísa (nome fictício) em criar laços duradouros, estabelecer confiança, relacionar-se afetivamente e sexualmente com figuras masculinas. No âmbito intelectual, não há indício de impactos, uma vez que ela não teve queixas de desenvolvimento escolar e/ou profissional.

REFERÊNCIAS

ADED, Naura Liane de Oliveira; DALCIN, Bruno Luís Galluzzi da Silva; MORAES, Talvane Marins de; CAVALCANTI, Maria Tavares. Abuso sexual em crianças e adolescentes: revisão de 100 anos de literatura. **Archives of Clinical Psychiatry (São Paulo)**, v. 33, n. 4, p. 204-213, 2006. Disponível em: https://dx.doi.org/10.1590/S0101-60832006000400006. Acesso em: 30 jan. 2025.

AMAZARRAY, Mayte Raya; KOLLER, Silvia Helena. Alguns aspectos observados no desenvolvimento de crianças vítimas de abuso sexual. **Psicologia: Reflexão e Crítica**, v. 11, n. 3, p. 559-578, 1998. Disponível em: https://dx.doi.org/10.1590/S0102-79721998000300014. Acesso em: 30 jan. 2025.

AZEVEDO, Maria Amélia; GUERRA, Viviane Nogueira de Azevedo (Org.). **Crianças vitimizadas: a síndrome do pequeno poder**. 2. ed. São Paulo: Iglu, 2000.

BARDIN, L. **Análise de conteúdo**. Tradução: L. A. Reto; A. Pinheiro. São Paulo: Edições 70/Livraria Martins Fontes, 1979. (Original publicado em 1977).

BARROS, I. P. M. D. **Características psicológicas da primeira e da segunda gravidez:** o uso do DFH e do TAT na assistência pré-natal. 2004. Tese (Doutorado em Psicologia) – Universidade de São Paulo, São Paulo, 2004.

BRELLET-FOULART; CHABERT, C. **Novo Manual do TAT: abordagem psicanalítica**. São Paulo: Vetor Editora, 2008.

BRASIL. **Lei nº 8.069, de 13 de julho de 1990**. Dispõe sobre o Estatuto da Criança e do Adolescente e dá outras providências. Brasília: Diário Oficial da União, 1990.

COGO, K. S.; MAHL, A.; OLIVEIRA, L.; HOCH, V. A. Consequências psicológicas do abuso sexual infantil. **Unoesc & Ciência – ACHS**, v. 2, n. 2, p. 130-139, 2011.

DAY, V. P. et al. Violência doméstica e suas diferentes manifestações. **Revista de Psiquiatria do Rio Grande do Sul**, v. 25, supl. 1, p. 9-21, 2003.

DA FONSECA, Ana Rita; CAPITÃ, Cláudio Garcia. Abuso sexual na infância: um estudo de validade de instrumentos projetivos. **Psic: revista da Vetor Editora**, v. 6, n. 1, p. 27-34, 2005. Disponível em: http://pepsic.bvsalud.org/scielo.php?script=sci_arttext&pid=S1676-73142005000100004. Acesso em: 30 nov. 2020.

FLORENTINO, B. R. B. As possíveis consequências do abuso sexual praticado contra crianças e adolescentes. **Fractal: Revista de Psicologia**, v. 27, n. 2, p. 139-147, 2015.

GUERRA, A. G. **O teste de apercepção temática de H. Murray: uma proposta de análise e interpretação**. Rio de Janeiro: EDICEPA, 1981.

HABIGZANG, Luísa Fernanda; CAMINHA, Renato Maiato. **Abuso sexual contra crianças e adolescentes: conceituação e intervenção clínica**. 2. ed. São Paulo: Casa do Psicólogo, 2008.

HERZBERG, E. Estudos normativos do Desenho da Figura Humana (DFH) e do Teste de Apercepção Temática (TAT) em mulheres: implicações para o atendimento a gestantes. 1993.

HOHENDORFF, J.; HABIGZANG, L. F.; KOLLER, S. H. Violência sexual contra meninos: dados epidemiológicos, características e consequências. **Psicologia USP**, v. 23, n. 2, p. 395-415, 2012. Disponível em: https://doi.org/10.1590/S0103-65642012005000007. Acesso em: 30 jan. 2025.

KRINDGES, C. A.; MACEDO, D. M.; HABIGZANG, L. F. Abuso sexual na infância e suas repercussões na satisfação sexual na idade adulta de mulheres vítimas. **Contextos Clínicos**, v. 9, n. 1, p. 60-74, 2016.

LAPLANCHE, J.; PONTALIS, J. **Vocabulário de Psicanálise**. 3. ed. São Paulo: Martins Fontes, 1998.

MALGARIM, B. G.; DA CRUZ BENETTI, S. P. O abuso sexual no contexto psicanalítico: das fantasias edípicas do incesto ao traumatismo. **Aletheia**, n. 33, 2010.

MESHULAM-WEREBE, D.; ANDRADE, M. G. D. O.; DELOUYA, D. **Transtorno de estresse pós-traumático:** o enfoque psicanalítico. **Brazilian Journal of Psychiatry**, v. 25, p. 37-40, 2003.

MURRAY, H. A. **Teste de Apercepção Temática**. São Paulo: Ed. Mestre Jou, 1973.

OLIVEIRA, J. R. D.; COSTA, M. C. O.; AMARAL, M. T. R.; SANTOS, C. A.; ASSIS, S. G. D.; NASCIMENTO, O. C. D. **Violência sexual e ocorrências em crianças e adolescentes:** estudo das incidências ao longo de uma década. **Ciência & Saúde Coletiva**, v. 19, p. 759-771, 2014.

PARADA, A. P.; BARBIERI, V. **Reflexões sobre o uso clínico do TAT na contemporaneidade. Psico-USF**, v. 16, n. 1, p. 117-125, 2011.

ROMARO, R. A; CAPITÃO, C. G. **As faces da violência:** aproximações, pesquisas, reflexões. São Paulo: Vetor, 2007.

SANDERSON, Christiane. **Abuso sexual em crianças:** fortalecendo pais e professores para proteger crianças contra abusos sexuais e pedofilia. São Paulo: M.Books, 2008.

SECRETARIA NACIONAL DOS DIREITOS DA CRIANÇA E DO ADOLESCENTE. **Abuso sexual contra crianças e adolescentes – abordagem de casos concretos em uma perspectiva multidisciplinar e interinstitucional.** Brasília: Secretaria Nacional dos Direitos da Criança e do Adolescente, 2021.

SERAFIM, A. D. P.; SAFFI, F.; ACHÁ, M. F. F.; BARROS, D. M. D. **Dados demográficos, psicológicos e comportamentais de crianças e adolescentes vítimas de abuso sexual. Archives of Clinical Psychiatry (São Paulo)**, v. 38, n. 4, p. 143-147, 2011.

SILVA, M. C. D. V. M. **Características de época dos estímulos e sua influência nas respostas ao TAT.** 1983. Dissertação (Mestrado em Psicologia) – Universidade de São Paulo, São Paulo, 1983.

SILVA, M. C. D. V. M. **TAT: aplicação e interpretação do teste de apercepção temática.** In: VICENTE, D. **Reflexões psicanalíticas acerca do abuso sexual infantil.** 2018.

ESTUDO DE CASO COM RORSCHACH – ANÁLISE CLÍNICA – Sandra Benevento Bertelli

RELATÓRIO DOS DADOS OBTIDOS NO PSICODIAGNÓSTICO DE RORSCHACH

Escola Brasileira de Rorschach – Sistema Anibal Silveira

Ano da Avaliação: 2019

Motivo da Avaliação: Auxílio diagnóstico – Hipótese Autismo

Solicitação: Psiquiatra do paciente

1. IDENTIFICAÇÃO

Nome: P

Ano Nascimento: 1969   **Idade:** 50 anos

Naturalidade: São Paulo – SP **Nacionalidade:**Brasileira

Escolaridade: Superior

Profissional Responsável:

Sandra Benevento Bertelli: Doutora em Psicologia Escolar e do Desenvolvimento Humano pelo IPUSP(2007). Mestre em Psicologia da Saúde pelo Instituto Metodista de Ensino Superior (1987). Especialista em Psicodiagnóstico de Rorschach pela Sociedade de Rorschach de São Paulo (1981). Pós-Graduada em Musicoterapia pela FMU(2008). Graduada em Psicologia pela Universidade de Santo Amaro (1979). Realiza, há 25 anos, trabalhos com programas para a área de Desenvolvimento em empresas em geral. Foi docente dos cursos de ADM, Psicologia e Medicina, graduação e pós-graduação por 15 anos, bem como Professora Orientadora de Pós Graduação em Gestão Pública Municipal na UNIFESP. Atualmente, é Profa. Dra. na graduação de Psicologia, disciplina Avaliação Psicológica; Testes projetivos, na Universidade Municipal de São Caetano – USCS.

DESCRIÇÃO DA DEMANDA:

O examinando foi encaminhado para avaliação com o objetivo de contribuir com o diagnóstico clínico.

Atualmente, segue com tratamento psicoterápico e psiquiátrico.

PROCEDIMENTO

P foi avaliado em uma única sessão por meio de entrevista e pelo Método de Rorschach, analisado de acordo com normas e critérios propostos por Aníbal Silveira – Sociedade Rorschach de São Paulo[1,2].

---

1 COELHO, L.M.S. (org.) Rorschach Clínico – Manual Básico. Ed. Terceira Margem. São Paulo. – 4ª Edição Revista e Ampliada, 2018

2 COELHO, L.M.S; FALCÃO, M. M.I. Prova de Rorschach: diretrizes gerais na interpretação dos resultados. **Editora:** Terceira Margem – São Paulo, 2006.

METODOLOGIA – PROVA DE RORSCHACH, SISTEMA SILVEIRA

Figuras 7.1, 7.2 e 7.3 – Prova de Rorschach, primeiro caso

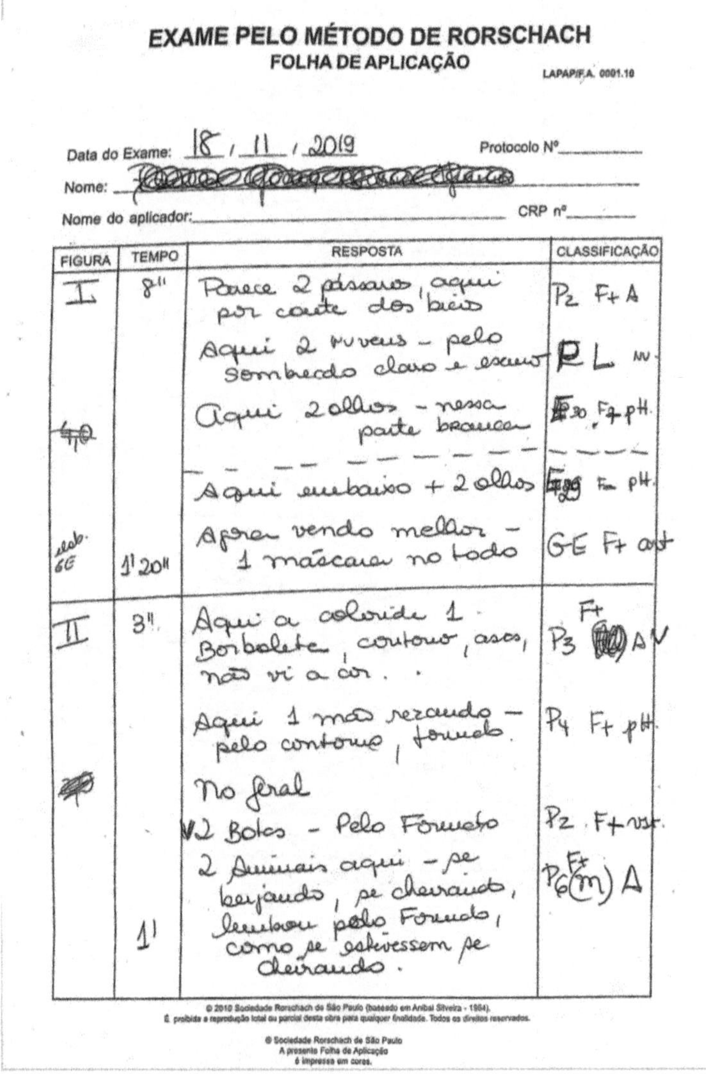

Fonte: Acervo da autora, 2024.

AVALIAÇÃO PSICOLÓGICA NA ÁREA DA PERSONALIDADE

FIGURA	TEMPO	RESPOSTA	CLASSIFICAÇÃO
III	2"	Borboleta novamente – pelo Formato igual a anterior (quis pegar a prancha para se assegurar)	P3 F+ A V
		Aqui 1 alienígena – boca, olhos, cabeça	P2 F- A
		no geral	
		∧ > aqui como no filme Alien os 2 – Formato, cabeça	P2 F+ A
		2 peixes – rabo, barbatana e cabeça.	P5 F+ A
	2'	Mapa do Brasil sobreposto espelhado refletido. Mapa pelo contorno sobreposto, refletido.	φ (B)m *
			✳
IV	25"	∧ ∨ ℮	
		Para 1 pele de raposa estendida, Formato, por conta desse vivos + escuro no meio.	G F+(C') A (ref. exo)
	2,0	1 peixe Frita – Formato, o vivos no meio, + escuro no meio	G F+(C') A (ref. exo)
	2'30"	∨ Todo Desenho – Árvore com raiz, cope e hovos – lenha, mais no meio o tronco c/ os nódulos descascados	G E+ (C)

© 2010 Sociedade Rorschach de São Paulo (baseado em Aníbal Silveira - 1964). É proibida a reprodução total ou parcial desta obra para qualquer finalidade. Todos os direitos reservados.

Fonte: Acervo da autora, 2024.

FIGURA	TEMPO	RESPOSTA	CLASSIFICAÇÃO
V 1,0	10"	1 Bumerangue — pelo Formato — todo Figura	G Fo obj
		2 Crocodilos — Só a cabeça, aqui a parte + clara.	P10 F+ ØpA
5,0		Geral 1 Borboleta — pelo Formato	G F+ A V
	21	(precisou pegar outras prancha p/ mostrar F. de Borboleta.)	Insegurança
VI 2,5	10"	V Parece 1 animal — raposa aberta c/ orelhos, aberta — a Forma e viuco que e + escuro. ref. eixo	G F+ (Ø') A
2,5		Aqui vê os números — 7, 11, 4 = Bem nítidos.	p L (Ull) ob Rec. números
2,5		Aqui letras — não identifiquei nitidents = vejo a letra A, N, i.	p L (Ull) ob. Rec. números
		2 pessoas opostas, Fazendo assim (Fz gestos) pelo Formato mas sensação de estar com a mão levantada (separando)	P1 (H) H
2,5		2 pessoas pequenas dando tchau — parece mexendo.	p30 M H
	31	No meio o cogito, pelo vivo + escuro	P5 Cl obj ref. eixo

Fonte: Acervo da autora, 2024.

Figuras 7.4, 7.5 e 7.6 – Prova de Rorschach, segundo caso

EXAME PELO MÉTODO DE RORSCHACH
FOLHA DE APLICAÇÃO

LAPAP/F.A. 0001.10

Data do Exame: ___ / ___ / _____   Protocolo Nº _____

Nome: _____

Nome do aplicador: _____ CRP nº _____

FIGURA	TEMPO	RESPOSTA	CLASSIFICAÇÃO
VII	20"	∧ ∨	
		∧ 2 elefantes — por causa da tromba, orelha	P₁ F+pA Simetria
		∨ 2 coelhos, animal c/ rabo — nuances de cores, sensação do rabo peludo	P₁ (F±) A
		2 animas aqui, mas não sei o q. é — o vivo levou aos animais sem definição de q. bicho	P₄ F± A
	3'	2 máscaras — olhos, nariz e boca, pelas nuances	P₃ F+ pH
VIII	15"	Total parece recife de corais todo colorido que tem no mar. — Foi pelo colorido e conforme a maré se movimentam	CF (m!) G EC Nat.
		2 bichinhos — pelo formato.	P₁ F+ A V
		1 Cupido — pelo vinho + escuro	p₂₁ E' doj.

Fonte: Acervo da autora, 2024.

FIGURA	TEMPO	RESPOSTA	CLASSIFICAÇÃO
		2 pedras com textura — pelas ranhuras, tem sulcos	P5 F+ (l) Mat ou sp
	3'	Cabeça de boi — o esqueleto Forma	P4 F+ an.
IX	20"	Aqui no meio de parte br., 1 estrutura esponja q. tem cachaça — Forma, pela branca, nuances.	P6 L Jav.
	5,5	Uo perel — órgãos internos do corpo humano, pulmão, rim, — Forma, e pelo sistema digestivo, e tb. pq. temos 2 pulmões, 2 rins.	G F+ an (simetria)
	2,5	Os pg. são numéricas	
		> Olhando assim 1 pessoa com seu reflexo na água —	P11 B H.
	3'	Pessoa pelo Forma, nariz, boca e seu reflexo	
X	3"	Aqui o assunto do Franç. — Forma	P3 F+ al.
		caranguejo — Forma.	P7 F+ A
	40"	2 pavos — F	P10 F- A
		mapa América do Sul — F	P9 F+ mp.
		1 totem — F.	P11 F- elurf
		Os smurfs — pele cor azul e Forma chapeu	P1 FE H.

Fonte: Acervo da autora, 2024.

FIGURA	TEMPO	RESPOSTA	CLASSIFICAÇÃO
		1 Folha — pela cor verde e Forma.	P2 CF bt.
		1 ovo — pena clara — pela cor e Forma	P2 CF al.
	3'	Bechuto de pélica verde — Forma enchups verde.	P8 F+ A

Fonte: Acervo da autora, 2024.

Figuras 7.7 – Folha de localização

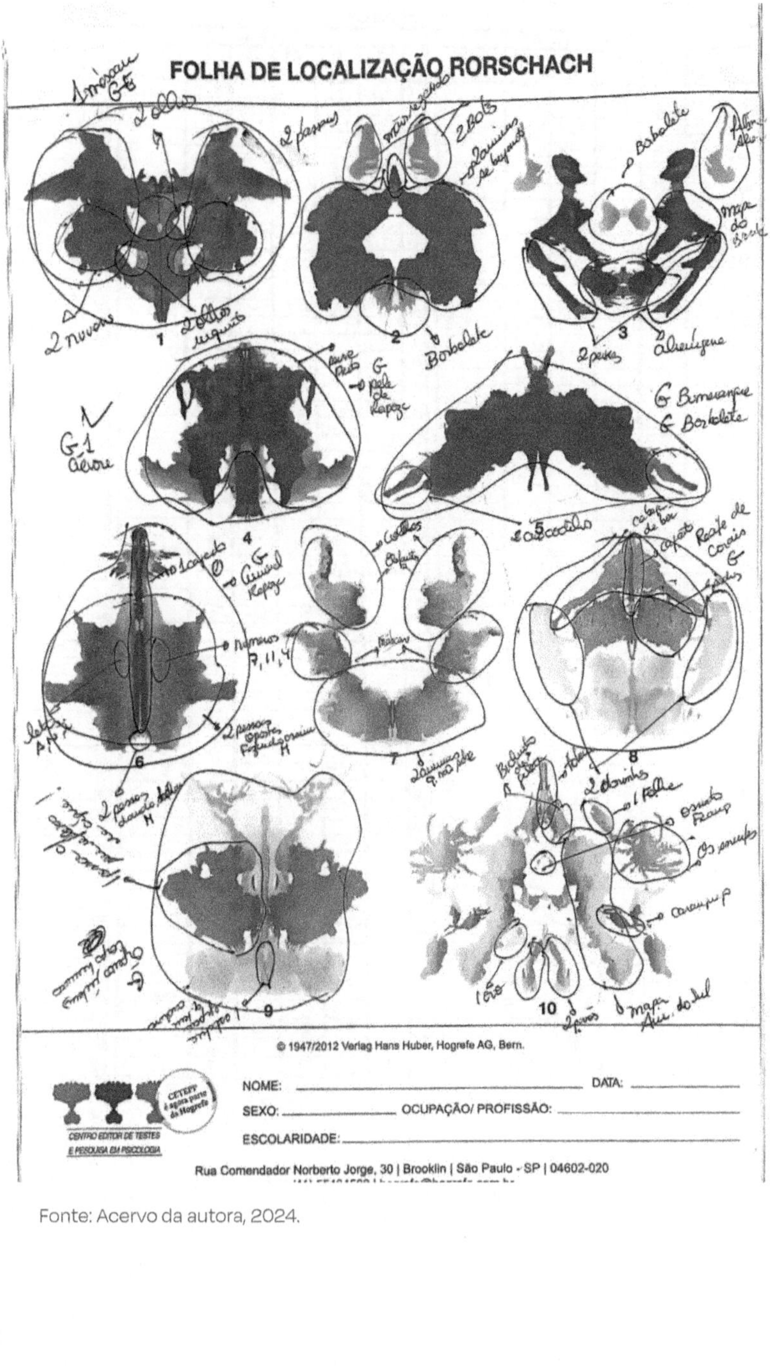

Fonte: Acervo da autora, 2024.

Figuras 7.8, 7.9 e 7.10 – Fichas de cálculos e gráficos

FICHA DE CALCULOS I

	I	IV	V	VI	VII	Soma	%	II	III	VIII	IX	X	Soma	%	Total NR	%
G		3	2	1		6	31.?			1	1		2	7,69	8	17,7?
P	2		1	2	4	9	47,3?	4	4	3	1	9	21	80,7?	30	66,?
p			3			3	15,7?		1	1			3	11,5?	6	13,3?
E	1 (1)				1 (1)	3,2?									1 (1)	2,2?
GE	(1)					(1)									(1)	
p'																
PG																
GP																
F+	3	3	2	1	4	13		4	3	3	1	4	15		28	
F-	0,5					1			1	1		2	4		5	
Fo			1			1					1		1		2	
M				2		2									2	
m								0,5					1		1	
m'										0,5			1		1	
Ps									1		1		2		2	
ps																
ps'																
L	1			2		3				1			1		4	
l		0,5			0,5	1				0,5			1		2	
l'		1		0,5		2									2	
C'				1		1									C' 1	
FC											1		1		FC 1	
CF									1				1		CF 1	
C																
nC'																
nC																
Pos																
A	1	1	1	1	2	6		2	3	1		3	9		15	
pA			1		1	2									2	
H				2		2			1		1	1	3		5	
pH	2				1	3		1					1		4	
ab				2		2									2	
al		1				1						2	2		3	
an									1	1			2		2	
ant																
arq																
art	1					1					1	1	2		3	
bt		1				1						1	1		2	
ci																
fg																
ggr									1				1		1	
ml																
mp									1			1	2		2	
nat										1			1		1	
nv	1					1									1	
obj			1	1		2				1			1		3	
pz																
rf																
sg																
sx																
vst																
V			1			1		1	1	1			3		4	
Elab	3,5	7,0	2,0	7,5		20,0				4,5	8		12,5		32,5	
Z2																
Tri	0,8	0,3	0,1	0,1	0,2	1		0,3	0,2	0,2	0,2	0,3	1		3	
T	1,2	2,3	2	3	3	12		1	2	3	3	3	12		24	
R	5	3	3	6	4	21		3	5	5	3	9	25		46	

Fonte: Acervo da autora, 2024.

FICHA DE CÁLCULOS - SÚMULA

I- Tipo de Trabalho Mental

Protocolo Total — R = 46 ↔

G = 8,0 17,8	%F = 75 78↑	T = 24	Qualidade de G = 2+
P = 30,0 66,7	%F- = 13,85 14 <25%		Qualidade de P = 18+,7-:1o
p = 6,0 13,3	%F+ = 86,15 86 ↔	T/R = 0,5 ↓	Tipo de G = i
E = 1,0 2,2	%A = 36,96 37 ↔		
GE = -	%V = 8,696 9 ↓		Obs: p=6+4o
p' = -		Elab = 32,50	
PG = -	Rmi = 43,94 44 ↔	Elab/R = 0,71	
GP = -	%H = 19,57 20 ↔		
PERC = G P p1		Z2 = 0,00	

II- Feitio de Personalidade

M = 2 - Ps = 2 - L = 4	- C' = 1 - FC = 1	- G:R= 0,17
m = 1 - ps = - I = 2	- nC = - CF = 1	- esp.: 0,25
m' = 1 - ps' = - I' = 2	- nC' = - C = -	- G:M= 8 : 2

movido por emoções primárias, sensações táteis — *instabilidade(?) expressão(?)*

Af A = 1,19 ↔ Imp = 0,47 ↔ Con = 61,2 ↑ Lambda = 0,33 ↓ esp.: 3:1 M:Ps = 2 : 2

(Ps+M):(L+C) = 4 : 4	Eq = 2,0 : 1,8	Qual.M=	Qual.m= 1+2-1o
(m+m'):(l+I'+C') = 1 : 4	Eq' = 2,3 : 1,8	Grau M=	Grau m= 2
		Tipo M=	Tipo m= ext

chC: 1 _0_ 2 _0_ 3 _0_ 4 _0_ 5 _2_ 6 _1_ 7 _1_ 8 _0_ 9 _0_ 10 _0_ = 4
chL: 1 _0_ 2 _0_ 3 _2_ 4 _0_ 5 _0_ 6 _0_ 7 _1_ 8 _1_ 9 _0_ 10 _0_ = 4

Harrower:	3	R _0_ M _2_ m _0_ %F _0_ In _0_ FC _0_ %A _1_ %an _0_ chC _0_ chL _0_
Piotrowski:	3	R _0_ T _0_ M _1_ nC _0_ %F+ _0_ aut _0_ lib _1_ ppl _0_ rpt _0_ %V _1_

e se a papa(?) uso pericial, ct dependente ou compacto(?)
N—está(?) seu(?) relo(?)

MONOCROMÁTICAS	R = 21 ↔	COLORIDAS	R = 25 ↔
G:M= 8 : 2	%H= 23,81 24 ↔	G:M= 2 : 0	%H= 16,00 16 ↔
M:Ps= 2 : 0	H:pH= 2 : 3	M:Os= 0 : 2	H:pH= 3 : 1
F+:F= 13 : 1	%F= 69,05 69 ↔	F+:F= 15 : 4	%F= 80 80 ↑
T/R= 0,95 ↓	%F-= 3,70 4 <25%	T/R= 0,48 ↓	%F-= 21,05 21 <25%
Elab/R= 0,95 ↔	%F+= 96,30 96 ↑	Elab/R= 0,50 ↓	%F+= 78,95 79 ↔
Z2= 0,00	%A= 38,1 38 ↔	Z2= 0	%A= 36 36 ↔
PERC= G P p1 E	%V= 4,762 5 ↓	PERC= G P p1	%V= 12,0 12 ↓
Lambda= 0,45 ↔	Rmi= 46,38 46 ↔	Lambda= 0,25 ↓	Rmi= 42,3 42 ↔
Con= 65,34 ↔ Obs.:		Con= 58,95 ↑ Obs:	

III- Conteúdos

aqui os impulsos

A= 15	al= 3	bt= 2	nv= 1	ab= 2	ci= 0	A:pA = 15 : 2
pA= 2	fg= 0	ggr= 1	obj= 3	arq= 0	rl= 0	H:pH = 5 : 4
H= 5	sg= 0	mp= 0	vst= 0	art= 3	pz= 0	A+H:pA+pH = 20 : 6
pH= 4	sx= 0	nat= 1			ant= 0	A+pA:H+pH = 17 : 9
an= 2	ml= 0					

%(A+pA+H+pH+an) = 60,9

Estilo Observação → Persp
Processo de enfrentação → Elabor e Organi dos exp. Y.F
Faixa de interesse — conteúdos   1F+   Y.A   Y.V
Adapt à Realidade — Fator Construo/ Fator afetivo / Fator Intelectual
Análise do Dinamismo → Rmi

Fonte: Acervo da autora, 2024.

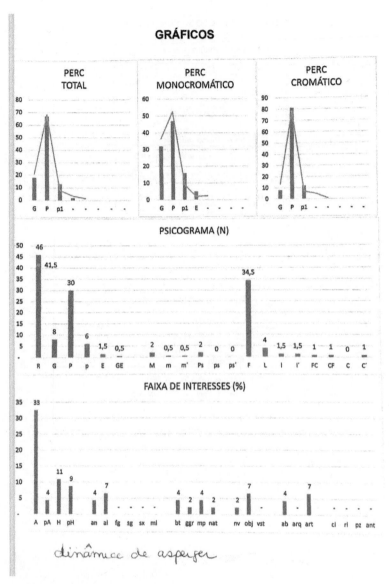

Fonte: Acervo da autora, 2024.

ANÁLISE DOS DADOS APURADOS

- *Exame psíquico e Comportamento durante a avaliação*

Durante o processo de avaliação, **P** apresentou-se com humor normal, bem como colaborou para realização da tarefa solicitada, assumindo uma postura de receptividade e disposição para sua realização.

- *Análise dos dados do Rorschach*

APRESENTAÇÃO

A Prova de Rorschach é um processo de construção de imagens, resultante da ação conjunta das funções afetivas, conativas e intelectuais, permitindo o exame dos processos psíquicos superiores como memória, atenção, percepção, pensamento, emoção e comunicação. A análise da combinação desses processos na prova indica a dinâmica de personalidade.

No presente relatório os dados serão descritos em três momentos:

- Tipo de Trabalho Mental – abrangendo os diferentes níveis de expressão dos processos cognitivos e como regem o processo de adaptação à realidade;
- Disposições Conativas – prontidão para a ação prática e mental
- Condições Afetivas – Emocionais abrangendo a disposição estrutural da personalidade, o modo de expressão dos afetos e de estabelecer relações interpessoais. Ainda será analisado o modo de cada indivíduo observar os fatos quando diante de circunstâncias formais,

de ordem mais impessoal, quando lhe é solicitado discernimento e iniciativa (conjunto de estímulos monocromáticos), e quando reage às experiências que produzem impacto afetivo direto, revelando sua forma de lidar e expressar os sentimentos e necessidades primárias (conjunto de estímulos cromáticos).

I. TIPO DE TRABALHO MENTAL

Na interpretação do tipo de trabalho mental, será analisado o modo com que os processos cognitivos intervêm em cada indivíduo ao se defrontar com situações novas, tal como são representadas na prova de Rorschach.

CAMPO PERCEPTUAL: ESTILO DE OBSERVAÇÃO

Este índice indica o modo como habitualmente a atenção é distribuída na observação dos diferentes eventos do ambiente (Índice PERC de percepção), sendo distinguidos: 1) A apreensão global de uma situação(G); 2) A observação concreta dos aspectos mais evidentes dos fatos (P); 3) A atenção cuidadosa aos pormenores que passam desapercebidos pela maioria (p). Além dessas modalidades de observação, existem outras mais raras, quer pelo fato de exigir maior esforço mental, quer pelo fato de escapar aos processos mentais normais.

De forma geral, o estudo do estilo perceptual do examinando indica capacidade de abstração e planejamento, pois focaliza sua atenção nas implicações mais genéricas das situações e, dessa forma, extrai significados que irão orientar a elaboração de suas experiências e dos projetos, bem como percebe os dados concretos e imediatos das situações, fator indispensável à atividade prática, bem como focaliza sua atenção em pormenores que passam desapercebidos pela maioria, o que exige maior capacidade de concentração e inteligência analítica, mas, por outro lado, um apego excessivo e absorvente a minúcias.

Quando seus afetos são diretamente mobilizados, prevalece a percepção mais genérica e concreta dos fatos, com análise minuciosa desses, mas com um tipo de seletividade de atenção que exige mais esforço, operando de forma inversa no ambiente, ressaltando o caráter crítico e de oposição em sua atitude frente às situações. Essa oposição pode resultar em uma necessidade de domínio do ambiente, que leva ao desenvolvimento de uma atitude crítica exagerada, assinalando aspectos negativos das situações.

(PERC total= G P p1; PERC mono= G P p1 E; PERC color = G P p1 **imediato simples, qual. de G formal +; qual formal P +;** G:R=0,25 e G:M=1:0)

PROCESSAMENTO DAS INFORMAÇÕES: ELABORAÇÃO E ORGANIZAÇÃO DAS EXPERIÊNCIAS NA MEMÓRIA

Avaliando o psicograma sob o aspecto quantitativo do esforço mental despendido durante a prova, verificamos adequada capacidade de produção associativa, mas seu desenvolvimento no ritmo de pensamento é acelerado, sugerindo que **P** apresenta excitação psíquica e impulsividade na atribuição dos significados e, dessa forma, evita se envolver mais profundamente nas situações, uma vez que suas respostas são rápidas, simples e sem muitas reflexões na tomada de decisões.

(TOTAL R=46, T/Rtotal= 0,5↓, T/Rmono= 0,55↓ ; T/ Rcolor= 0,48↓)

Observa-se que a capacidade de elaboração intelectual, de um modo geral se mostra inadequada, pois suas associações sofrem interferência de conflitos de ordem emocional nos quais predominam fantasias ainda imaturas que interferem no uso do raciocínio lógico e construtivo, prevalecendo o julgamento de valor e concepções demasiadamente subjetivas.

(Elab/R Total = 0,71↓; Elab/R Mono =0,95N; Elab/R Color = 0,50↓ Z_2=0)

Analisando sua produção intelectual sob o aspecto qualitativo do esforço mental despendido durante a prova, verificamos que expressa capacidade em fixar sua atenção nos estímulos do ambiente comparando-os com lembranças de experiências passadas, extraindo significados pautados em sua experiência com a realidade, de modo a exercer o julgamento crítico consciente da situação. Por outro lado, em situações emocionais, expressa rigidez da atenção, indicando autodomínio exagerado que bloqueia a iniciativa espontânea e a criatividade do examinando, uma vez que ele inibe suas concepções pessoais ao julgar os eventos externos.

(%F+ total = 86,15N; %F+ mono =96,30↑↑; %F+ color = 78,95N)

FAIXA DE INTERESSES E CATEGORIZAÇÃO VERBAL

Com expressão verbal adequada, com repetição dos termos," vinco", "espelho" e atitude de "pegar outras pranchas". P demonstra facilidade em se comunicar. Seu campo de interesses se apresenta normal, o qual foi despertado desde criança e permanecendo na vida adulta sugerindo facilidade em se envolver por aspectos que não estejam relacionados aos seus sentimentos, relacionamentos e à sua própria pessoa.

Verificamos ainda, que P apresenta conflitos nas relações interpessoais, quer devido à excessiva retração e afastamento dos demais, quer pelo julgamento parcial do comportamento alheio. Como defesa assume uma atitude de retração em relação ao meio externo e uma atitude mais introvertida em relação aos demais, ao enfrentar novas situações e frente aos relacionamentos.

(A:PA=15:2; H:pH=5:4; **A+pA+H+pH+an = 60,9N**)

PROCESSO DE ADAPTAÇÃO À REALIDADE

Neste item será examinado a extensão e o modo de adaptação às condições externas. O processo de adaptação à realidade (R.m.i. de Silveira) ocorre através do concurso harmônico e integrado da capacidade de julgar de modo objetivo e imparcial os fatos (F+), da assimilação dos padrões de pensamento e de conduta adotados pela maioria (%V) e da ligação emocional espontânea ao ambiente (%A).

Verificamos que de um modo geral, embora reconheça os padrões de pensamento e conduta de ordem convencional, adotados pela maioria, o examinando se afasta demasiadamente da realidade, com julgamentos parciais e influenciados por valores irracionais e arbitrários, em função de uma invasão de subjetivismo na interpretação dos fatos externos. Assim sendo, se volta para o meio externo de modo imaturo e com elevado envolvimento emocional.

Desse conjunto de circunstâncias, resulta em uma dinâmica adaptativa frágil, que ocorre sob forte tensão emocional.

(Rmi total=43,94N; Rmi mono=46,38N; Rmi color=42,30N ↑, %F+ mono=96,30↑↑; %V Total 8,69↓↓; %VMono 4,76↓↓;%Vcolor 12,00↓↓)

II. DISPOSIÇÕES CONATIVAS

O rendimento da atividade prática depende da consideração suficiente das condições do ambiente externo (%F), da capacidade de controlar a atenção de modo a julgar de modo objetivo os fatos (%F+) e da mobilização seletiva e pertinente dos recursos subjetivos (lambda).

No que se refere às funções conativas, aquelas que antecedem e possibilitam o comportamento explícito de natureza intelectual e afetivo-emocional, verificamos adequada utilização de recursos subjetivos de personalidade, em situação de planejamento, iniciativa e decisão, embora sua ligação com o meio externo ocorra de modo rígido e afastado de ligação afetiva.

Por outro lado, em situações afetivas, as disposições conativas são pouco eficientes em decorrência das fantasias infantis e reações afetivas imaturas, que desgastam sua atividade prática. Essa inadequação é mais evidente em situações de maior apelo afetivo quando desorganiza sua ação e se revela instável e pouco objetiva, traduzindo dificuldade em estabilizar a atenção de modo a exercer um julgamento crítico objetivo da realidade.

(mono; Con=65,34N, λ=0,45N; %F=69,05N; %F+=96,30↑↑; color: Con= 58,95↑↑; λ =0,25↓↓; %F=80↑↑; %F+=78,95N)

III. FEITIO DE PERSONALIDADE: CONDIÇÕES AFETIVO-EMOCIONAIS E DISPOSIÇÃO PSÍQUICA

O estudo das condições afetivo-emocionais baseia-se na consideração das disposições internas peculiares a cada indivíduo, tais como se expressam em seu modo habitual e consciente de interagir no ambiente interpessoal, e como as fantasias (imaginação) intervêm em seu psiquismo.

Aplicação: Apresenta adequada sensibilidade aos incitantes afetivos da realidade externa, porém sofre intensa pressão de seus impulsos internos, o que faz com que o examinando reaja irrefletidamente aos estímulos momentâneos, obedecendo às necessidades individuais. Esse comportamento impulsivo encontra controle apenas através de bloqueio emocional, muito embora tal mecanismo configure-se em uma defesa extremamente frágil, uma vez que apresenta reações disfóricas sempre que entram em jogo as necessidades pessoais de ordem instintiva. Essa fragilidade de suas defesas ocorre em função da incapacidade de elaborar adequadamente seus impulsos primários, de acordo com as exigências externas. Assim sendo, sua expressão afetiva tende a ocorrer por meio de manifestações explosivas do humor e fácil irritabilidade.

Aplicação: Esse conjunto de circunstâncias nos sugere a presença de conflitos na integração interpessoal, insegurança afetivo-emocional, deficiência da sociabilidade, ligados à fácil irritabilidade e à subordinação deficiente de seus afetos ao mundo externo.

Aplicação: Analisando em particular os dinamismos emocionais, isto é, aqueles que envolvem as reações afetivas ante as solicitações do ambiente, verificamos a ocorrência de bloqueio emocional, prevalecendo apenas sentimentos de desconfiança e dificuldade de integração das experiências afetivo-emocionais. Tal aspecto a leva a uma adaptação emocional defensiva, ao mesmo tempo que demonstra reações afetivas mais primárias e desordenadas.

(AfA=1,19N; Imp=0,47N; FC=1; CF=1; C=0; L=4; l=2; l'=; C'=1)

Aplicação: A disposição básica de personalidade, ao nível manifesto, apresenta-se coartada, indicando que o examinando experimenta um contato afetivo superficial e restrito, o que dificulta o estabelecimento de vínculos, bem como a utilização de recursos internos. Por outro lado, ao nível latente prevalecem fantasias ainda imaturas de natureza agressiva, que interferem em sua capacidade de tomar decisões e comprometem a estabilidade de seus sentimentos. Essas fantasias somadas ao comportamento impulsivo podem tornar o examinando vulnerável à autoagressão.

O confronto entre a disposição estrutural de sua personalidade e a dinâmica psíquica atual, revela a mesma variação de disposição subjetiva, sem alterações significativas.

(M=2 gr1 ext; m=1 gr1 e 2 ext; m'=1; Ps=2; ps=0; ps'=0; Eq=2:1.5; Eq'=2,3:1,5; (Ps+M):(L+C)=4: ; (m+m'):(l+l'+C')=2,5 ref ao eixo/simetria)

Não encontramos a ocorrência significativa da série de sinais psicógenos proposta por M. Harrower, que nos revelaria a natureza grave e profunda dos dinamismos aqui descritos, que se referem a processos inconscientes que se iniciaram nas primeiras fases do desenvolvimento e interferem na dinâmica psíquica. Tais processos se acompanham de ansiedade em nível profundo e acentuado.

Verificamos ainda que não foram encontrados sinais indicativos de processos lesionais orgânicos.

(Harrower=3; Piotowisk=3; ChC=4; ChL=4)

CONCLUSÃO

Os dados obtidos através da Prova de Rorschach apontam que em situações de planejamento, iniciativa e decisão apresenta uma personalidade adequada para o enfrentamento, mas de forma rígida e de oposição ou diferente dos demais.

Por outro lado, em situações emocionais e afetivas apresenta imaturidade, acompanhada por conflitos de ordem afetiva-instintiva, que se manifestam por meio de intensa subjetividade, impulsividade e afastamento da realidade. P procura compensar tais conflitos por meio de retração emocional e isolamento, o que nos sugere algumas características (leves) que remetem ao Asperger, mas não suficientes ao fechamento desse diagnóstico.

Observa-se que características pré-mórbidas da história pessoal do examinando, foram concordantes com os dados obtidos no Rorschach, exigindo cuidado terapêutico, pois como já explicitado anteriormente, a presença de fantasias irracionais somadas ao comportamento impulsivo pode tornar o examinando vulnerável à agressão.

Recomenda-se **continuidade no tratamento psicoterápico**, bem como do **acompanhamento psiquiátrico**, ambos voltados para a manutenção de atividades práticas e desenvolvimento nas relações interpessoais.

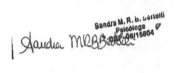

Sandra Benevento Bertelli

CRP- 06/15606

P.S.: Conforme Resolução do Conselho Federal de Psicologia nº 06/2019 – Orientações sobre elaboração de documentos escritos produzidos pelo Psicólogo no exercício Profissional informamos que: Este documento não poderá ser utilizado para fins diferentes do apontado no item motivo do exame p. 01, possuindo caráter sigiloso, e se tratando de documento extrajudicial, portanto, não nos responsabilizamos pelo uso dado ao relatório.

REFERÊNCIAS

COELHO, L. M. S. Rorschach clínico: manual básico. São Paulo: Terceira Margem, 2002.

PESQUISA COM PFISTER

PSICODIAGNÓSTICO INFANTIL: RELATO DE UM CASO

Este estudo realizado por Sale, Freitas e Jesus (2018), teve como objetivo descrever o caso de um psicodiagnóstico infantil de uma criança de seis anos. A queixa apresentada pela mãe foi que a criança possuía medo, ansiedade e insegurança diante de situações novas.

Vários testes foram feitos na avaliação psicológica, sendo eles: Teste Matrizes Progressivas Coloridas Raven, Pirâmides Coloridas De Pfister, Teste de Stress Infantil (ESI), Teste House, Tree, Person (HTP) e o teste Rorschach.

Nos deteremos aqui ao teste das Pirâmides Coloridas de Pfister.

O Teste das Pirâmides Coloridas de Pfister, avalia aspectos da personalidade, destacando principalmente a dinâmica afetiva e indicadores relativos às habilidades cognitivas do indivíduo. O instrumento é composto por um jogo que avalia crianças entre 6 a 14 anos de idade, aplicam-se três cartões que devem ser preenchidos nos quadrados formando uma pirâmide, os quadrículos composto de 10 cores subdivididas em 24 tonalidades (Villemor-Amaral, 2012).

A ficha da criança foi selecionada dentre as triagens disponíveis para atendimento psicológico no Núcleo de Estudos e Práticas Psicológicas (NEPP), que é uma clínica escola de Psicologia, e a entrevista de anamnese foi feita no primeiro encontro, apenas com a mãe, onde foi explicado o que é o processo de psicodiagnóstico, o tempo de duração e foi pactuada a frequência em que aconteceriam os encontros.

Foi no terceiro encontro com a criança que foi aplicado o teste Pfister. Abaixo segue o resultado do Pfister.

Figura 6 – Pirâmides Coloridas de Pfister

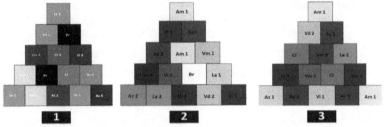

Tabela 1. Tabela das cores das Pirâmides Coloridas de Pfister.

Cores	Frequência das cores			Síndromes			
	Dd	Esp	↑↓↔		Dd	Esp	↑↓↔
Az	24	16	↑	Normal	46	51	↔
Vm	11	18	↔	Estímulo	35	34	↔
Vd	11	17	↔	Fria	51	46	↑
Vi	16	13	↑	Incolor	13	13	↔
La	11	7	↑				
Am	13	9	↔				
Ma	0	6,5	↓				
Pr	4	4	↔				
Br	2	6	↔				

Fonte: Sale, Freitas e Jesus, 2018.

A Tabela 1 apresenta a distribuição de cores utilizadas pela criança nas Pirâmides Coloridas de Pfister. Percebe-se necessidade de evitar situações muitos estimulantes e necessidade de controle (Az↑) ansiedade (Vi↑), energia e disposição criativa (La↑ e Am ↔), negação das emoções (Ci↑).

Em relação às síndromes cromáticas, a criança indica capacidade de manter uma conduta normal e adaptada (Normal↔), bem como estabelecer contato afetivo e social (Estímulo ↔).

Entretanto, essas capacidades podem ser prejudicadas por uma tendência a se sentir ansioso a evitar situações e onde não haja possibilidade de controle (Fria↑). Nas fórmulas cromáticas, predominou a fórmula Ampla e Estável, que pode acusar imaturidade.

Como podemos avaliar nos resultados do Teste das Pirâmides Coloridas de Pfister, a criança apresenta insegurança, ansiedade e medo, diante de situações novas.

Frente aos aspectos apresentados, infere-se que as intervenções junto à criança devem envolver: a psicoterapia, a adequação do estilo parental dos pais e a realização de atividades que aproveitem suas potencialidades e estimulem as habilidades de pensar e refletir.

REFERÊNCIAS

SALE, Orcélia; FREITAS, Valéria Del Nero de; JESUS, Aurystela Dhamblea Ferreira de. **Psicodiagnóstico infantil:** Relato de um caso. *Revista Humanidades e Inovação*, Palmas, v. 5, n. 7, 2018.

VILLEMOR-AMARAL, Anna Elisa de. **As Pirâmides Coloridas de Pfister**. São Paulo: Casa do Psicólogo, 2012.